Katherine Mansfield (Cathleen Beauchamp), geboren am 14. Oktober 1888 in Wellington (Neuseeland), ist am 9. Januar 1923 in Fontainebleau bei Paris gestorben.

Eine indiskrete Reise: Frankreich, mitten im 1. Weltkrieg. Die junge Frau macht sich auf den Weg an die Front. Geradezu tollkühn ist dieser Reiseplan. Und daß sie auf dieser abenteuerlichen Bahnreise aufblüht, bleibt dem Leser nicht verborgen. *Die kleine Gouvernante*: Sie wäre viel lieber bei Tag gereist, die kleine Gouvernante, doch auf der Reise nach München lernt sie im »Abteil für Damen« einen alten Herrn mit Jägermütze kennen. *An der Bucht*: Die schönste Sommererzählung. Man sollte jedem Exemplar ein Schaufelchen und einen Sandeimer beigeben, meinte Katherine Mansfield. *Die Flucht*: Ein Paar auf Reisen, das Psychogramm einer gescheiterten Beziehung. *Der Fremde*: Mr. Hammond erwartet am Kai seine Frau. Sie kehrt aus Europa nach Neuseeland zurück. Der Tod eines Mitreisenden wirft Schatten auf die Beziehung. *Ehe à la mode*: William, oft auf Geschäftsreisen, fühlt, daß er und seine Frau sich nichts mehr zu sagen haben. Da schreibt er ihr von unterwegs einen Liebesbrief.

insel taschenbuch 2364

Katherine Mansfield

Eine indiskrete Reise

Katherine Mansfield
Eine indiskrete Reise

Erzählungen

Aus dem Englischen von
Heide Steiner

Ausgewählt von
Franz-Heinrich Hackel

Insel Verlag

insel taschenbuch 2364
Erste Auflage 1997

Hinweise zu dieser Ausgabe am Schluß des Bandes
Vertrieb durch den Suhrkamp Taschenbuch Verlag
Umschlag nach Entwürfen von Willy Fleckhaus
Satz: Fotosatz Otto Gutfreund GmbH, Darmstadt
Druck: Wagner GmbH, Nördlingen
Printed in Germany

1 2 3 4 5 6 – 02 01 00 99 98 97

Inhalt

Eine indiskrete Reise

Sie sieht aus wie die heilige Anna. Ja, die Concierge ist das Abbild der heiligen Anna, mit dem schwarzen Kopftuch, den herabhängenden grauen Haarbüscheln und der kleinen blakenden Lampe in der Hand. Wirklich sehr schön, dachte ich und sah lächelnd zu der heiligen Anna hinüber, die streng sagte: »Um sechs. Sie haben gerade noch Zeit. Auf dem Schreibtisch steht ein Becher Milch.« Ich sprang aus meinem Schlafanzug und in eine Schüssel mit kaltem Wasser, wie eben eine Engländerin in einem französischen Roman. Die Concierge, überzeugt, daß mich Gefängniszellen und der Tod durch das Bajonett erwarteten, öffnete die Fensterläden, und kaltes, helles Licht fiel herein. Auf dem Fluß tutete ein kleiner Dampfer. Ein Wagen mit zwei galoppierenden Pferden flog vorbei. Schnell wirbelndes Wasser; auf der anderen Seite standen die hohen schwarzen Bäume in Gruppen zusammen wie Neger im Gespräch. Unheimlich, sehr unheimlich, dachte ich, als ich den uralten Wettermantel zuknöpfte. (Mit diesem Mantel hatte es seine Bewandtnis. Er gehörte nicht mir. Ich hatte ihn von einer Freundin geliehen. Ich hatte ihn in ihrer kleinen, dunklen Diele hängen sehen. Genau das Richtige! Die perfekte und angemessene Verkleidung – ein alter wasserdichter Mantel. In einem solchen Mantel wurde schon der Kampf gegen Löwen aufgenommen. Bei aufgewühlter See sind Damen aus offenen Booten gerettet worden, in nichts anderes gehüllt. Ein alter wasserdichter Mantel ist für mich Symbol und Kennzeichen des unbestreitbar ehrenwerten Reisenden, stellte ich fest und ließ dafür mein leuchtendrotes gutes Stück mit Kragen und Manschetten aus echtem Seehundsfell da.)

»Sie kommen nie dahin«, sagte die Concierge, die mir zusah, wie ich den Kragen hochschlug. »Nie! Nie!« Ich rannte die widerhallenden Stufen hinunter – eigenartig, wie sie klangen, so als ob ein verschlafenes Hausmädchen auf dem Klavier klimperte – und fort zum Quai. »Warum so eilig, *ma mignonne*?« fragte ein süßer kleiner Junge in bunten Socken, der vor den elektrischen Lotosknospen herumtanzte, die sich über dem Eingang zur Métro wölbten. Ach, da blieb nicht einmal Zeit, ihm eine Kußhand zuzuwerfen. Als ich auf dem großen Bahnhof ankam, hatte ich nur noch vier Minuten

Zeit, und im Zugang zum Bahnsteig drängten sich Soldaten, ihre gelben Papiere und große unordentliche Bündel in der Hand. Auf der einen Seite stand der Commissaire der Polizei, auf der anderen ein namenloser Offizier. Ob er mich passieren läßt? Ob? Es war ein alter Mann mit einem dicken aufgedunsenen Gesicht, das mit Warzen übersät war. Eine Hornbrille auf der Nase. Zitternd wagte ich einen Versuch. Ich holte mein süßestes Frühmorgenlächeln hervor und präsentierte es zusammen mit den Papieren. Aber das zarte Etwas flatterte gegen die Hornbrille und zerstob. Trotz alledem ließ er mich passieren, und ich rannte und rannte durch die Soldaten hindurch, die hohen Stufen hinauf in den gelb gestrichenen Wagen.

»Fährt der Zug direkt nach X.?« fragte ich den Schaffner, der meine Fahrkarte mit einer Zange knipste und sie mir dann wiedergab. »Nein, Mademoiselle, Sie müssen in X. Y. Z. umsteigen.«

»In –?«

»X. Y. Z.«

Und wieder hatte ich es nicht verstanden. »Wann kommen wir dort an, bitte?«

»Ein Uhr.« Doch das nützte mir nichts. Ich hatte keine Uhr. Na gut – später.

Ah! Der Zug hatte sich in Bewegung gesetzt. Der Zug war auf meiner Seite. Er verließ den Bahnhof in einem Bogen, und bald fuhren wir vorbei an Gemüsegärten, vorbei an den großen eintönigen Mietshäusern, vorbei an teppichklopfenden Dienstboten. Die Sonne stand bereits am Himmel und wanderte über die Felder, schimmerte rosig aus den Flüssen und rotgesäumten Tümpeln und schien auf den entlangschaukelnden Zug, streifte meinen Muff und forderte mich auf, den Mantel auszuziehen. Ich war nicht allein im Abteil. Mir gegenüber saß eine alte Frau, der Rock war ihr über die Knie gerutscht, auf dem Kopf trug sie eine Haube aus schwarzer Spitze. In den dicken, mit einem Ehering und zwei Trauerringen geschmückten Händen hielt sie einen Brief. Langsam, ganz langsam verleibte sie sich einen Satz ein, sah dann auf und aus dem Fenster, ihre Lippen zitterten leicht, dann den nächsten Satz, und wieder wandte sie das alte Gesicht dem Licht zu, als prüfe sie den Geschmack ... Zwei Soldaten lehnten aus dem Fenster, ihre Köpfe stießen fast aneinander, einer von ihnen pfiff vor sich hin, der andere hatte seinen Mantel mit ein paar rostigen Sicherheitsnadeln zugesteckt. Und jetzt überall Soldaten, bei der

Arbeit an den Gleisen, gegen Lastwagen gelehnt, oder sie standen da, die Hände in die Hüften gestemmt, die Augen auf den Zug gerichtet, als ob sie wenigstens einen Fotoapparat an jedem Fenster erwarteten. Und nun fuhren wir an großen aufgeputzten, Tanzböden oder Strandpavillons ähnlichen Holzbaracken vorbei. Auf jeder wehte eine Flagge. Da war ein Kommen und Gehen von Sanitätern. Die Verwundeten saßen an die Wände gelehnt und sonnten sich. An allen Brücken, Bahnübergängen, Bahnhöfen ein *petit soldat* in voller Montur. Er sah richtig verlassen und betrübt drein, wie eine kleine Witzzeichnung, die darauf wartet, daß der Witz darunter geschrieben wird. Gibt es wirklich so etwas wie Krieg? Sollten all die lachenden Stimmen wahrhaftig in den Krieg ziehen? Diese dunklen Wälder, in denen die weißen Stämme der Birken und Eschen so geheimnisvoll leuchten, diese weiten Gewässer, über denen große Vögel kreisen, die im Licht blau und grün schimmernden Flüsse, sind an solchen Orten Schlachten geschlagen worden?

An was für herrlichen Friedhöfen wir vorbeifahren! Bunt leuchten sie in der Sonne auf, als wären sie voller Kornblumen, Mohnblumen und Margeriten. Wo kommen in dieser Jahreszeit nur so viele Blumen her? Aber das sind ja gar keine Blumen. Das sind Sträuße von Bändern auf den Soldatengräbern. – Ich sah auf und begegnete dem Blick der alten Frau. Sie lächelte und faltete den Brief zusammen. »Er ist von meinem Sohn, der erste, den wir seit Oktober bekommen haben. Ich bringe ihn meiner Schwiegertochter.«

»...?«

»Ja, sehr gut«, sagte die alte Frau, schüttelte den Rock herunter und steckte den Arm durch den Henkelkorb. »Er möchte, daß ich ihm ein paar Taschentücher und ein starkes Stück Strick schicke.«

Wie heißt doch die Station, wo ich umsteigen muß? Vielleicht erfahre ich es nie. Ich stand auf und lehnte mich ans Fenster, die Füße gekreuzt. Das Gesicht brannte mir wie in meiner Kindheit, wenn ich auf dem Weg zum Strand war. Wenn der Krieg vorüber ist, werde ich mit einem Lastkahn auf diesen Flüssen entlangfahren, eine weiße Katze und einen Resedatopf zur Gesellschaft an Bord.

Hügelabwärts marschierte, im Licht rot und grün aufleuchtend, eine Reihe Soldaten. Wieder andere flitzten in der Ferne, aber deutlich zu erkennen, auf Fahrrädern vorbei. Nein wirklich, *ma france adorée*, diese Uniform ist lächerlich. Deine Soldaten sind dir auf die Brust geklebt wie respektlose Abziehbilder.

Der Zug verlangsamte die Fahrt, hielt. Alle außer mir stiegen aus. Ein Langer sah mich sehr freundlich an. Er hatte seine Holzschuhe mit einem Strick hinten angebunden, sein Weinbecher war aus Zinn und innen herrlich unmöglich rosa. Muß man vielleicht hier nach X. umsteigen? Ein anderer, dessen Käppi aus einer nassen Papiertüte zum Vorschein gekommen war, hob mit Schwung meinen Koffer herunter. Wie nett Soldaten doch waren! »*Merci bien, Monsieur, vous êtes tout à fait aimable* ...« – »Nicht hier lang«, sagte ein Infanterist. »Hier auch nicht«, ein anderer. So folgte ich der Menge. »Ihren Paß, Mademoiselle ...« – »Wir, Sir Edward Grey ...« Ich lief über den schlammigen Platz in den Speisesaal. Ein grüner Raum mit einem vorspringenden Ofen und Tischen an jeder Seite. An der Theke, die lauter bunte Flaschen zierten, lehnte eine Frau, die Arme über den Brüsten verschränkt. Durch eine offene Tür kann ich die Küche sehen und den Koch in einem weißen Kittel, wie er Eier in ein Gefäß schlägt und die Schalen in eine Ecke wirft. Die blauen und roten Röcke der essenden Männer hängen an den Wänden. Auf den Stühlen stapeln sich Bajonette und Koppel. Lieber Himmel, was für ein Lärm! Die durchsonnte Luft war wie aufgewühlt und erschüttert von all dem Lärm. Ein kleiner Junge, sehr blaß, ging von Tisch zu Tisch, nahm die Bestellungen entgegen und goß mir ein Glas dunklen Kaffee ein. Ssssch! zischten die Eier in der Pfanne. Die Frau kam eilig hinter der Theke hervor und begann, dem Jungen zu helfen. *Toute de suite, tout' suite*! zwitscherte sie den lauten ungeduldigen Stimmen zu. Teller klapperten und flupp! knallten die Korken.

Auf einmal sah ich im Eingang einen Mann mit einem Eimer Fisch – braunem, gesprenkeltem Fisch, wie die Fische, die man in Schaukästen sieht, wo sie durch Wälder herrlichen gepreßten Seetangs schwimmen. Es war ein alter Mann in einer zerlumpten Jacke. Bescheiden stand er da und wartete, daß jemand auf ihn aufmerksam würde. Ein dünner Bart fiel ihm auf die Brust, die Augen unter den buschigen Brauen waren auf den Eimer gerichtet, den er trug. Er sah aus, als ob er aus einem Heiligenbild gestiegen wäre und die Soldaten um Verzeihung bäte, daß er überhaupt da war ... Aber was hätte ich tun können? Ich konnte doch nicht mit zwei an einem Strohhalm baumelnden Fischen nach X. kommen. Und sicher gilt es in Frankreich als Vergehen, Fisch aus dem Fenster eines Eisenbahnwagens zu werfen. Solche Gedanken bewegten mich, als ich betrübt in einen kleineren, schäbigeren Zug einstieg. Vielleicht hätte ich sie zu – ah, *mon Dieu*, ich hatte den Namen von Onkel und Tante schon wieder vergessen! – mitnehmen sollen. Buffard, Buffon – wie war er doch gleich? Und wieder las ich den ungewöhnlichen Brief in der vertrauten Handschrift.

›Meine liebe Nichte!

Da jetzt das Wetter beständiger geworden ist, würden sich Deine Tante und Dein Onkel sehr freuen, wenn Du uns mal besuchen kämst. Telegrafiere mir, wann Du kommst. Ich werde Dich am Bahnhof abholen, wenn ich frei habe, andernfalls wird Dich unsere gute alte Freundin, Madame Grinçon, die in dem kleinen Zollhäuschen an der Brücke wohnt, *juste en face de la gare*, zu uns bringen. *Je vous embrasse bien tendrement.*

Julie Boiffard.

Eine Visitenkarte lag dabei: M. Paul Boiffard.

Boiffard, natürlich, das war der Name. *Ma tante Julie et mon oncle Paul*, plötzlich fühlte ich sie nahe, wirklicher, greifbarer als alle Verwandten, die ich jemals gekannt hatte. Ich sah *tante Julie* stolzgeschwellt, mit der Suppenterrine in der Hand, und *oncle Paul*, wie er mit einer rotweißen Serviette um den Hals am Tisch saß. Boiffard – Boiffard, ich muß mir den Namen merken. Angenommen, der Commissaire Militaire fragt mich, wer die Verwandten seien, die ich besuchen wolle, und ich bringe den Namen durcheinander – oh, wie fatal! Buffard, nein Boiffard. Und dann, als ich Tante Julies Brief zusammenfaltete, sah ich zum ersten Mal in die Ecke der leeren Rückseite gekritzelt: *Venez vite, vite*. Merkwürdige, impulsive Frau! Ich bekam Herzklopfen ...

»Ah, jetzt ist es nicht mehr weit«, sagte die Dame mir gegenüber. »Sie fahren nach X., Mademoiselle?«

»Oui, Madame.«

»Ich auch ... Sind Sie schon mal dort gewesen?«

»Nein, Madame, das ist das erste Mal.«

»Wirklich eine merkwürdige Zeit für einen Besuch.«

Ich lächelte leicht und bemühte mich, nicht ihren Hut anzusehen. Sie war eine ganz gewöhnliche kleine Frau, aber sie trug einen schwarzen Samthut mit einer unglaublich überrascht dreinschauenden Seemöwe darauf, deren runde Augen so fragend auf mich gerichtet waren, daß ich es fast nicht ertragen konnte. Ich war drauf und dran, sie wegzuscheuchen oder mich vornüberzubeugen und die Frau von ihrer Anwesenheit zu unterrichten ...

»*Excusez-moi*, Madame, aber vielleicht haben Sie gar nicht gemerkt, daß eine *espèce de Seemöwe couche sur votre chapeau.*«

Konnte es Absicht sein, daß der Vogel dort war? Ich darf nicht lachen ... Bloß nicht lachen. Ob sie sich jemals mit dem Vogel auf dem Kopf im Spiegel gesehen hatte?

»Es ist zur Zeit sehr schwer, nach X. hineinzukommen, den Bahnhof zu verlassen«, sagte sie, und sie schüttelte den Kopf mit der Seemöwe in meine Richtung. »Ach, so ein Umstand! Man muß namentlich unterschreiben und angeben, was man will.«

»Oh, ist es wirklich so schlimm?«

»Aber sicher. Sehn Sie, der ganze Ort ist in den

Händen des Militärs, und« – sie zuckte mit den Schultern – »man muß streng sein. Viele kommen nicht weiter als bis zum Bahnhof. Sie kommen an. Sie werden ins Wartezimmer verfrachtet, und damit hat sich's.«

Täuschte ich mich oder hatte ihre Stimme einen eigenartigen, beleidigenden Ton?

»Eine derartige Strenge wird wohl unbedingt notwendig sein«, sagte ich kalt und streichelte meinen Muff.

»Notwendig!« rief sie. »Und ob! Also, Mademoiselle, Sie können sich einfach nicht vorstellen, was sonst los wäre. Sie wissen ja, wie Frauen sind, wenn es um Soldaten geht«, sie machte eine abschließende Handbewegung, »verrückt, vollkommen verrückt! Aber«, lachte sie leicht triumphierend, »sie könnten ja nicht nach X. reinkommen. Mon Dieu, nein! Das ist überhaupt keine Frage.«

»Ich denke nicht, daß sie es überhaupt versuchen«, sagte ich.

»So?« fragte die Seemöwe.

Eine Weile sagte Madame nichts. »Natürlich verfahren die Behörden sehr hart mit den Männern. Darauf steht sofortiger Arrest und dann – ab an die Front, ohne Pardon.«

»Was wollen *Sie* in X.?« wollte die Seemöwe wissen. »Was um alles in der Welt machen *Sie* denn hier?«

»Werden Sie lange in X. bleiben, Mademoiselle?«

Sie hatte gewonnen, ja, sie hatte gewonnen. Ich hatte Angst bekommen. Ein Laternenpfahl mit dem verhängnisvollen Namen darauf glitt vorbei. Ich konnte kaum atmen. Der Zug hatte angehalten. Beschwingt lächelte ich Madame zu und hüpfte die Stufen hinab auf den Bahnsteig...

Der Raum war klein und warm, komplett eingerichtet. Zwei Offiziere vom Range eines Obersten saßen an zwei Tischen. Es waren große graubärtige Männer mit einer leichten Röte im Gesicht. Sie sahen prächtig und allmächtig aus. Der eine rauchte, was Damen gern eine schwere ägyptische Zigarette nennen, mit langer cremeartiger Asche, der andere spielte mit einer verzierten Feder. Ihre Köpfe schwankten über den engen Kragen wie große überreife Früchte. Als ich Paß und Fahrkarte hingab, hatte ich das schreckliche Gefühl, daß ein Soldat vortreten und mich auffordern würde niederzuknien. Zweifellos wäre ich auf die Knie gesunken.

»Was ist das?« fragte Gott Numero I verdrossen. Mein Paß gefiel ihm absolut nicht. Der bloße Anblick schien ihn zu ärgern. Er machte eine abweisende Handbewegung, die zu sagen schien: *»Non, je ne peux pas manger ça.«*

»Aber das geht nicht. Das geht auf keinen Fall. Sehen Sie, urteilen Sie selbst!« Und voller Mißbilligung schaute er mein Paßbild an, und dann, mit noch größerer Mißbilligung, blickten seine glasklaren Augen mich an.

»Ja, das Foto ist erbärmlich.« Ich konnte vor Angst kaum atmen. »Aber es hat nie Beanstandungen mit einem Visum gegeben.«

Er erhob seinen massigen Körper und ging hinüber zu Gott Numero II.

»Nur Mut!« sagte ich zu meinem Muff und hielt ihn fest. »Mut!«

Gott Numero II wies mit einem Finger auf mich, und ich zeigte Tante Julies Brief und Visitenkarte hin. Aber er schien nicht das leiseste Interesse an Tante Julie zu haben. Müßig stempelte er den Paß, kritzelte etwas auf meine Fahrkarte, und ich war wieder auf dem Bahnsteig.

»Da hinaus – gehn Sie da hinaus!«

Sehr blaß, mit einem leichten Lächeln auf den Lippen, die Hand zum Gruß erhoben, stand da der kleine Korporal. Ich rührte mich nicht, ganz bestimmt, ich rührte mich nicht. Er trat hinter mich.

»Und folge mir dann, als würdest du mich nicht sehn«, hörte ich ihn halb flüstern, halb singen.

Wie schnell er durch den schlüpfrigen Schlamm auf eine Brücke zuging! Er trug eine Briefträgertasche auf dem Rücken, ein Päckchen und den ›Matin‹ in der Hand. Wir schienen uns durch ein Labyrinth von Polizisten hindurchzuschlängeln, und ich konnte einfach nicht Schritt halten mit dem kleinen Korporal, der zu pfeifen anfing. Vom Zollhäuschen aus beobachtete ›unsere gute alte Freundin, Madame Grinçon‹, die Hände in einen Schal gewickelt, unser Kommen. Bei dem Zollhäuschen stand eine winzige unscheinbare Droschke. »*Montez vite, vite!*« sagte der kleine Korporal und schleuderte meinen Koffer, die Briefträgertasche, das Päckchen und den ›Matin‹ hinein.

»A-ie! A-ie! Sein Sie doch nicht so wahnwitzig! Fahrn Sie nicht selber mit! Man wird Sie sehen«, jammerte ›unsere gute alte Freundin, Madame Grinçon‹.

»Ah, *je m'en f...*«, sagte der kleine Korporal.

Der Fahrer geriet schlagartig in Bewegung. Er peitschte den dürren Gaul, und ab ging's. Die beiden Türen, die die ganzen Seitenwände der Droschke darstellten, klapperten und schlugen hin und her.

»*Bonjour, mon ami!*«

»*Bonjour, mon ami!*«

Und dann stürzten wir uns auf die beiden klappernden Türen und hielten sie fest. Sie blieben einfach nicht zu. Es waren idiotische Türen.

»Lehn dich zurück, laß mich ran!« schrie ich. »Es wimmelt hier ja nur so von Polizisten.«

An den Kasernen bäumten sich die Pferde auf und hielten. Eine Menge lachender Gesichter verdunkelte das Fenster.

»*Prends ça, mon vieux*«, der kleine Korporal reichte das Päckchen hinaus.

»In Ordnung«, rief einer.

Wir winkten, und weiter ging's, an einem Fluß, eine seltsame weiße Straße entlang, mit kleinen Häusern zu beiden Seiten, fröhlich in der Abendsonne.

»Sobald wir wieder halten, springst du raus. Die Tür ist offen. Lauf geradewegs hinein. Ich komme nach. Der Mann ist bereits bezahlt. Das Haus wird dir bestimmt gefallen. Es ist ganz weiß. Und das Zimmer ist auch weiß, und die Leute sind –«

»Weiß wie Schnee.«

Wir sahen uns an. Wir begannen zu lachen. »Jetzt!« rief der kleine Korporal.

Ich sprang hinaus und hinein in die Tür. Dort stand meine mutmaßliche Tante Julie. Da im Hintergrund machte sich wohl mein Onkel Paul zu schaffen.

»Bonjour, Madame!« – »Bonjour, Monsieur!«

»Alles in Ordnung, Sie sind in Sicherheit«, sagte meine Tante Julie. Mein Gott, wie liebte ich sie da! Und sie öffnete die Tür zu dem weißen Zimmer und schloß sie wieder hinter uns. Runter mit dem Koffer, der Briefträgertasche, dem ›Matin‹. Ich warf meinen Paß in die Luft, und der kleine Korporal fing ihn auf.

Merkwürdig! Jeden Tag waren wir dort zum Mittag- und Abendessen gewesen. Aber jetzt, in der Dämmerung und allein, konnte ich es nicht finden. Ich stapfte in den geborgten *Sabots* durch den glitschigen Schlamm bis ans Ende des Dorfes. Nichts zu sehen. Ich konnte mich nicht einmal mehr daran erinnern, wie es aussah oder ob ein Name draußen dran stand oder ob da Flaschen und Tische am Fenster zu sehen waren. Die Häuser waren bereits hinter großen hölzernen Fensterläden für die Nacht dicht verschlossen. Sie sahen seltsam und geheimnisvoll aus in dem unwirklichen schwindenden Licht und dem leichten Regen. Wie eine Gruppe von Bettlern, die sich an einem Hang zusammendrängte, die Brusttaschen voll von reichem, ungesetzlichem Gold. Außer Soldaten war niemand unterwegs. Eine Gruppe Verwundeter stand unter einem Laternenpfahl und streichelte einen räudigen zitternden Hund. Singend kamen vier große Soldaten gezogen:

»*Dodo, mon homme, fais vit' dodo ...*«

und schwankten hügelabwärts zu ihren Baracken hinter dem Bahnhof. Sie schienen den letzten Atemzug des Tages mit sich zu nehmen. Ich begann, langsam zurückzugehen.

»Es muß eins dieser Häuser gewesen sein. Ich erinnere mich, es stand weit zurück von der Straße, und es hatte keine Stufen, nicht einmal eine Veranda. Es war, als ginge man direkt durch das Fenster.« Und dann kam auf einmal der Kellner aus einem solchen Haus heraus. Er sah mich, grinste fröhlich und begann, durch die Zähne zu pfeifen.

»*Bon soir, mon petit!*«

»Bon soir, Madame!« Und er folgte mir im Café an unseren üblichen Tisch, ganz am anderen Ende beim Fenster. Der Veilchenstrauß, den ich gestern dort in einem Glas stehengelassen hatte, stand noch da.

»Sie sind zu zweit?« fragte der Kellner und wedelte mit einem rotweißen Tuch über den Tisch. Seine langen, weit ausholenden Schritte hallten auf dem blanken Fußboden. Er verschwand in der Küche und kam wieder, um die Lampe anzuzünden, die unter einem ausladenden Schirm von der Decke herabhing, wie die Hüte, die man bei der Heuernte sieht. Warmes Licht fiel in den leeren Raum, der ursprünglich eine Scheune gewesen war, in die man wacklige Tische und Stühle gestellt hatte. Mitten hinein in den Raum ragte ein schwarzer Ofen. Auf der einen Seite stand ein Tisch mit einer Batterie Flaschen. Daran saß Madame, nahm das Geld entgegen und machte Eintragungen in ein rotes Buch. Ihrem Tisch gegenüber führte eine Tür in die Küche. Die Wände bedeckte eine gelblichweiße Tapete mit bombastischen grünen Bäumen. Hunderte und aber Hunderte von Bäumen streckten ihre pilzförmigen Wipfel gegen die Decke. Ich fragte mich, wer die Tapete wohl ausgesucht hatte und warum. Ob Madame sie für schön hielt oder glaubte, daß es angenehm und lustig sei, zu allen Jahreszeiten seine Mahlzeiten inmitten eines Waldes einzunehmen ... Zu beiden Seiten der Uhr hing ein Bild. Das eine zeigte einen jungen Mann in schwarzen eng anliegenden Hosen, der eine birnenförmige Dame in Gelb über die Lehne eines Gartenstuhls anbetete, *Premier Rencontre*: das zweite Schwarz und Gelb in amouröser Verstrickung, *Triomphe d'Amour*.

Die Uhr tickte in einem wohltuenden Gleichmaß: *C'est ça, c'est ça*. In der Küche war der Kellner beim Abwaschen. Ich hörte das geisterhafte Geklapper von Geschirr.

Und Jahre vergingen. Vielleicht ist der Krieg lange aus, draußen ist überhaupt kein Ort, die Straßen sind ruhig unter dem Gras. Ich stelle mir vor, daß man genau das am allerletzten Tag tun wird, in einem leeren Café sitzen und dem Ticken einer Uhr lauschen, bis –

Durch die Küchentür kam Madame herein,

nickte mir zu und setzte sich auf ihren Platz an den Tisch, die dicken Hände über dem roten Buch gefaltet. Ping! machte die Tür. Eine Handvoll Soldaten kam herein, sie legten die Mäntel ab und begannen, Karten zu spielen, wobei sie den hübschen Kellner neckten und sich über ihn lustig machten. Dieser warf seinen kleinen runden Kopf hoch, strich sich die dichten Ponyhaare aus den Augen und parierte mit seiner gebrochenen Stimme. Manchmal bäumte sich seine Stimme auf, aus der Tiefe seiner Kehle, dunkel und rauh, und dann, mitten im Satz, brach sie und löste sich in einem komischen Piepsen auf. Das schien ihm selbst Spaß zu machen. Es hätte einen nicht überrascht, wenn er auf den Händen in die Küche gelaufen wäre und beim Servieren ein Rad geschlagen hätte.

Ping! machte wieder die Tür. Zwei andere kamen herein. Sie setzten sich an den Tisch, der Madame am nächsten war, und mit einer vogelgleichen Bewegung beugte sie sich zu ihnen, den Kopf auf eine Seite gelegt. Oh, hatten sie Ärger! Der Leutnant war ein ausgemachter Trottel, ständig schnüffelte er herum, fuhr auf sie los, und sie hatten nur Knöpfe angenäht. Ja, das war's, sie nähen Knöpfe an, und da kommt dieser junge Schnösel. »Na, was gibt's?« Sie machten diese idiotische Stimme nach. Madame zog die Mundwinkel nach unten und nickte voller Mitgefühl. Der Kellner brachte ihnen Gläser. Er nahm eine Flasche mit orangefarbenem Zeug und stellte sie an den Rand des Tisches. Ein Ausruf der Kartenspieler ließ ihn herumfahren, und krach! fiel die Flasche runter, der Inhalt ergoß sich über Tisch und Fußboden, und knall! zerbrach sie in klirrende Stücke. Bestürztes Schweigen, durch das der Wein auf den Boden tröpfelte... Es sah komisch aus, wie die Tropfen so langsam fielen, als weinte der Tisch. Dann ein Aufschrei der Kartenspieler: »Jetzt kriegst du dein Fett, mein Junge!... So ist's richtig! Jetzt bist du erledigt!... *Sept, huit, neuf.*« Sie spielten weiter. Der Kellner sagte kein Wort. Den Kopf gesenkt, die Hände ausgebreitet, stand er da. Dann bückte er sich und hob die Scherben auf, Stück für Stück, und tupfte mit einem Tuch den Wein auf. Erst als Madame beschwingt ausrief: »Wart nur, bis *er* es entdeckt!«, hob er den Kopf.

»Er kann nichts sagen, wenn ich's bezahle«, murmelte er und verzog das Gesicht. Dann ging er mit dem klatschnassen Tuch in die Küche.

»*Il pleure de colère*«, sagte Madame entzückt und strich sich mit ihren dicken Händen übers Haar.

Allmählich füllte sich das Café. Es wurde sehr warm. Blauer Rauch stieg von den Tischen auf und hing in Schwaden über der Lampe, die an die Hüte bei der Heuernte erinnerte. Ein stickiger Geruch von Zwiebelsuppe, Stiefeln und feuchtem Tuch hing in der Luft. Durch den Lärm hörte man wieder die Tür gehen. Ein schmächtiger Bursche kam herein. Er stand mit dem Rücken zur Tür und hielt eine Hand über die Augen.

»Hallo! Der Verband ist ab?«

»Wie macht sich's, *mon vieux*?«

»Laß mal sehen!«

Aber er gab keine Antwort. Er zuckte mit den Schultern und wankte auf einen Tisch zu, setzte sich und lehnte sich an die Wand. Langsam ließ er die Hand sinken. In seinem weißen Gesicht brannten die Augen wie bei einem Kaninchen. Sie füllten sich mit Tränen und liefen über, sie füllten sich und liefen über. Er zog ein weißes Tuch aus der Tasche und wischte sich die Augen.

»Das ist der Rauch«, sagte einer. »Der beißt.«

Seine Kameraden beobachteten ihn ein wenig,

sahen zu, wie sich seine Augen wieder füllten und wieder überflossen. Die Tränen liefen ihm übers Gesicht, tropften vom Kinn auf den Tisch. Er rieb die Stelle mit dem Jackenärmel, und dann, wie abwesend vor sich hin starrend, rieb und rieb er immer weiter mit der Hand über den Tisch. Und dann begann er, im Takt zu seiner Handbewegung den Kopf zu schütteln. Er stöhnte laut auf und zog wieder das Tuch heraus.

»*Huit, neuf, dix*«, sagten die Kartenspieler.

»*P'tit*, noch ein bißchen Brot.«

»Zwei Kaffee.«

»*Un Picon!*«

Der Kellner, wieder auf dem Posten, aber noch ganz rot im Gesicht, rannte hin und her. Unter den Kartenspielern entbrannte ein fürchterlicher Streit, tobte zwei Minuten lang, verebbte im aufflackernden Gelächter. »Uuh!« stöhnte der Mann mit den tränenden Augen, schaukelte hin und her und wischte. Aber niemand achtete auf ihn außer Madame. Sie sah zu den beiden Soldaten hinüber und verzog ein wenig das Gesicht.

»*Mais vous savez, c'est un peu dégoûtant, ça*«, sagte sie streng.

»Ah, oui, Madame«, erwiderten die Soldaten

und musterten ihren gesenkten Kopf und die hübschen Hände, als sie vielleicht zum hundertsten Male eine Spitzenrüsche auf ihrem üppigen Busen ordnete.

»*V'là Monsieur!*« krächzte der Kellner über die Schulter hinweg in meine Richtung. Aus einem unerfindlichen Grund tat ich, als hätte ich das nicht gehört, lehnte mich über den Tisch und roch an den Veilchen, bis sich die Hand des kleinen Korporals über meine legte.

»Zuerst *un peu de charcuterie*?« fragte er zärtlich.

»In England«, sagte der Soldat mit den blauen Augen, »trinkt man Whisky zum Essen. *N'est-ce pas, Mademoiselle?* Ein kleines Glas Whisky pur vor dem Essen. Whisky und Soda zu ihren *biftecks*, und danach wiederum Whisky mit heißem Wasser und Zitrone.«

»Stimmt das?« fragte sein großer Freund, der gegenübersaß, eine Hüne mit einem roten Gesicht, schwarzem Bart und großen, schwimmenden Augen. Sein Haar sah aus wie mit einer Mähmaschine geschnitten.

»Nicht ganz«, erwiderte ich.

»*Si, si*«, rief der Soldat mit den blauen Augen. »Ich muß das schließlich wissen. Ich bin Geschäftsmann. Ich habe mit englischen Vertretern zu tun, und es ist immer dasselbe.«

»Bah, ich mag keinen Whisky«, sagte der kleine Korporal. »Der nächste Morgen ist zu widerlich. Kannst du dich an den Whisky in der kleinen Bar in Montmartre erinnern, *ma fille*?«

»*Souvenir tendre*«, seufzte der Schwarzbart, schob zwei Finger in den Verschluß seiner Jacke und ließ den Kopf nach unten fallen. Er war sehr betrunken.

»Aber ich kenne was, was ihr noch nie getrunken habt«, der Soldat mit den blauen Augen zeigte mit dem Finger auf mich. »Was wirklich Gutes.« Klack! schnalzte er mit der Zunge. »*Épatant*! Und das Komische dabei ist, daß man es kaum von Whisky unterscheiden kann, außer daß es –«, er versuchte, mit der Hand nach dem Wort zu greifen, »feiner, vielleicht süßer ist. Es beißt auch nicht so, und am andern Morgen fühlt man sich pudelwohl.«

»Wie heißt das?«

»Mirabelle!« Er wälzte das Wort förmlich im Mund herum, unter der Zunge. »Ah-ha, das ist großartig.«

»Ich hätte gern noch Champignons«, sagte der Schwarzbart.

»Ich hätte gern noch einen Pilz. Ich könnte bestimmt noch einen Champignon essen, wenn Mademoiselle ihn mir von ihrer Hand reichte.«

»Du müßtest das mal probieren«, beharrte der Soldat mit den blauen Augen, beide Hände auf den Tisch gestützt. Er sprach mit so tiefem Ernst, daß ich mich zu fragen begann, um wieviel nüchterner er sei als der Schwarzbart. »Du müßtest das mal probieren, und zwar heute. Ich möchte gern von dir wissen, ob du nicht auch glaubst, daß es wie Whisky schmeckt.«

»Vielleicht gibt's das Zeug hier«, sagte der kleine Korporal, und er rief den Kellner. *»P'tit!«*

»Non, Monsieur«, sagte der Junge, der immer ein Lächeln zeigte. Er servierte uns das Dessert auf Tellern, die mit blauen Papageien und Hirschkäfern bemalt waren.

»Wie heißt das auf englisch?« fragte der Schwarzbart und zeigte auf den Papagei. Ich sagte es ihm. »Parrot.«

»Ah mon Dieu! ... Pair-rot ...« Er legte die Arme um seinen Teller. »Ich liebe dich, *ma petite pair-rot*. Du bist süß, du bist blond, du bist eng-

lisch. Du kennst nicht den Unterschied zwischen Whisky und Mirabelle.«

Der kleine Korporal und ich sahen uns an und lachten. Er kniff die Augen zusammen, wenn er lachte, so daß man nur die langen geschwungenen Wimpern sah.

»Hm, ich weiß, wo es Mirabelle gibt«, sagte der Soldat mit den blauen Augen. »Café des Amis. Wir gehen dorthin – ich bezahle – ich bezahle für uns alle.« Seine Geste umfaßte Tausende Pfund. Doch mit einem lauten, schwirrenden Geräusch schlug die Wanduhr halb neun. Und kein Soldat darf nach acht Uhr ein Café betreten.

»Geht vor«, sagte der Soldat mit den blauen Augen. Aber die Uhr des kleinen Korporals zeigte dieselbe Zeit. Ebenso die riesige Zwiebel, die der Schwarzbart hervorholte und behutsam auf dem Kopf eines der Hirschkäfer ablegte.

»Nun gut, wir werden's riskieren«, drängte der Soldat mit den blauen Augen, und er fuhr mit den Armen in seinen gewaltigen Kratzenledermantel. »Es lohnt sich«, versprach er. »Es lohnt sich. Wartet nur ab!«

Draußen schienen die Sterne zwischen wuscheligen Wolken hervor. Und der Mond flackerte wie eine Kerzenflamme über einem spitzen Turm. Auf den weißen Häusern zitterten die Schatten der dunklen, an Federbüsche erinnernden Bäume. Keine Menschenseele zu sehen. Kein Laut zu hören außer dem Sch-sch! eines fernen Zuges, wie ein großes, im Schlaf scharrendes Tier.

»Du frierst«, flüsterte der kleine Korporal. »Du frierst, *ma fille.*«

»Nein, wirklich nicht.«

»Aber du zitterst ja.«

»Ja, aber ich friere nicht.«

»Wie sind eigentlich die Frauen in England?« fragte der Schwarzbart. »Wenn der Krieg aus ist, geh ich nach England. Ich such mir eine kleine Engländerin und heirate sie – und ihren ›pairrot‹.« Ein lautes Lachen würgte ihn.

»Idiot!« Der Soldat mit den blauen Augen schüttelte ihn. Er beugte sich zu mir herüber. »Erst nach dem zweiten Glas schmeckst du's richtig«, flüsterte er.

»Das zweite kleine Glas und dann – ah! dann kennst du's.«

Das Café des Amis schimmerte im Mondlicht. Wir blickten schnell die Straße hinauf und hinunter, rannten die vier Holzstufen hinauf und öffneten die klingelnde Glastür, die in einen niedrigen, von einer Hängelampe erleuchteten Raum führte, wo etwa zehn Leute beim Essen saßen. Sie saßen auf zwei Bänken an einem schmalen Tisch.

»Soldaten!« kreischte eine Frau auf und sprang in einem Satz hinter einer Suppenschüssel hervor, eine spindeldürre Frau in einem schwarzen Umschlagtuch. »Soldaten! Um diese Zeit! Werft mal einen Blick auf die Uhr dort. Ja!« Und sie zeigte mit dem tropfenden Schöpflöffel auf die Uhr.

»Sie geht vor«, sagte der Soldat mit den blauen Augen. »Sie geht vor, Madame. Und machen Sie doch nicht soviel Lärm, ich bitte Sie. Wir werden trinken und gehen.«

»Wirklich?« schrie sie, kam um den Tisch herumgerannt und pflanzte sich vor uns auf. »Kommt ja gar nicht in Frage! Um diese nächtliche Stunde in das Haus einer ehrbaren Frau zu kommen, eine Szene zu machen, ich werde die Polizei auf euch hetzen. O Gott, o Gott! Es ist eine Schande, es ist einfach eine Schande!«

»Sch!« machte der kleine Korporal und hob die Hand. Totenstille. In der Stille hörten wir Schritte vorbeigehen.

»Die Polizei«, flüsterte der Schwarzbart und

winkte einem Mädchen mit Ohrringen zu, das keß zurücklächelte.

»Sch!«

Die Gesichter sahen auf, lauschten. ›Wie schön sie sind!‹ dachte ich. ›Wie im Neuen Testament eine Familie beim Abendmahl...‹ Die Schritte verhallten.

»Wär euch recht geschehn, wenn sie euch erwischt hätten!« schalt die aufgebrachte Frau. »Schade, daß die Polizei nicht gekommen ist. Ihr hättet's verdient, jawohl.«

»Ein kleines Glas Mirabelle, und wir gehn wieder«, beharrte der Soldat mit den blauen Augen.

Sie schimpfte und murrte immer noch, als sie vier Gläser und eine große Flasche aus dem Schrank nahm. »Aber hier drin trinkt ihr das nicht. Denkt ja nicht!« Der kleine Korporal rannte in die Küche. »Nicht dahin! Nicht dahin! Idiot!« schrie sie. »Können Sie nicht sehn, daß dort ein Fenster ist? Und gegenüber eine Mauer, wo die Polizei jeden Abend hinkommt, um...«

»Sch!« Erneute Angst.

»Ihr seid verrückt, und ihr werdet im Gefängnis landen, alle vier«, sagte die Frau. Sie stürzte aus dem Zimmer. Auf Zehenspitzen gingen wir ihr nach in eine dunkle, übelriechende Spülküche, die voll stand von Pfannen mit fettigem Wasser, Salatblättern und Suppenknochen.

»Hier!« Sie setzte die Gläser ab. »Trinkt und geht!«

»Ach, endlich!« Die glückliche Stimme des Soldaten mit den blauen Augen drang durch die Dunkelheit. »Was meinst du? Ist das Zeug nicht genau, wie ich gesagt habe? Schmeckt das nicht wie exzellenter – ex-zellenter Whisky?«

Die kleine Gouvernante

Ach Gott, wie sehr wünschte sie, es wäre nicht Nacht. Sie wäre viel lieber bei Tage gereist, viel, viel lieber. Aber die Dame in der Gouvernantenvermittlung hatte gesagt: »Sie fahren am besten mit dem Abendschiff, und wenn Sie im Zug dann in ein Abteil ›Für Damen‹ einsteigen, dann ist das viel sicherer, als wenn Sie in einem fremden Hotel übernachten. Und verlassen Sie nicht das Abteil. Laufen Sie nicht die Gänge lang, und schließen Sie ja die Tür zur Toilette zu, wenn Sie dahin gehen. Um acht kommt der Zug in München an, und Frau Arnholdt schreibt, zum Hotel Grunewald ist's nur eine Minute. Ein Dienstmann kann Sie hinbringen. Frau Arnholdt wird am selben Abend um sechs Uhr eintreffen, so daß Sie einen angenehm ruhigen Tag haben, um sich nach der Fahrt auszuruhen und Ihr Deutsch aufzufrischen. Und wenn Sie etwas essen möchten, dann würde ich Ihnen raten, schnell in die nächste Bäckerei zu gehen, dort können Sie sich Rosinenbrötchen und eine Tasse Kaffee kaufen. Sie sind noch nie im Ausland gewesen, nicht wahr?« – »Nein.« – »Also, ich sage immer meinen Mädchen, es ist besser, fremden Leuten zuerst zu mißtrauen als zu trauen, und es ist sicherer, fremde Leute böser Absichten zu verdächtigen als guter... Das klingt ziemlich hart, aber wir müssen doch Frauen von Welt sein, nicht wahr?«

Es war fein gewesen in der Damenkabine. Die Stewardess war so freundlich, sie besorgte den Geldumtausch für sie und wickelte ihr die Füße ein. Sie hatte auf einem der harten, mit blaßroten Zweigen gemusterten Ruhebetten gelegen und die anderen Mitreisenden beobachtet, die, ganz ungezwungen und natürlich, ihre Hüte an den Polstern feststeckten, Schuhe und Röcke auszogen, Toilettenkästchen öffneten und mit geheimnisvoll knisternden Päckchen hantierten, sich einen Schleier um den Kopf banden, ehe sie sich hinlegten. Wumm, wumm, wumm dröhnte gleichmäßig die Schiffsschraube. Die Stewardess zog einen grünen Schirm über die Lampe und setzte sich an den Ofen, den Rock über die Knie zurückgeschlagen, im Schoß ihr Strickzeug. Über ihr auf einem Bord stand ein Wasserkrug, dahinein war ein buschiger Blumenstrauß gezwängt. ›Reisen gefällt mir ungemein‹, dachte die kleine Gouvernante. Sie lächelte und überließ sich ganz der Wärme und dem Schaukeln.

Doch als das Schiff anlegte und sie an Deck ging, in einer Hand den Reisekorb, die dicke wollene Reisedecke und den Schirm in der anderen, blies ihr ein fremder, kalter Wind unter den Hut. Sie schaute hinauf zu den Masten und Spieren des Schiffs, die sich schwarz von dem grünlich glitzernden Himmel abhoben, und hinunter auf den dunklen Landungssteg, wo fremdartige eingemummte Gestalten wartend herumstanden. Sie bewegte sich vorwärts mit der schläfrigen Menge, von der alle außer ihr wußten, wohin sie gehen und was sie tun mußten, und sie hatte Angst. Nur so ein bißchen – nur eben genug, um sich zu wünschen, ach, zu wünschen, daß es Tag wäre und daß eine der Frauen, die ihr im Spiegel zugelächelt hatte, als sie sich beide in der Damenkabine die Haare gekämmt hatten, jetzt irgendwo in der Nähe wäre. »Die Fahrkarten bitte! Zeigen Sie Ihre Fahrscheine! Halten Sie die Fahrscheine bereit!« Sie balancierte vorsichtig auf den Absätzen, als sie die Laufplanke hinunterging. Dann kam ein Mann in einer schwarzen Ledermütze auf sie zu und berührte sie am Arm. »Wohin, Miss?« Er sprach englisch – mit einer solchen Mütze war er sicher Schaffner oder Stationsvorsteher. Kaum hatte sie geantwortet, als er sich auch schon auf ihren Reisekorb stürzte. »Hier lang«, rief er mit unwirscher, entschlossener Stimme, und er schob und drängte sich an den Menschen vorbei. »Aber ich möchte keinen Träger!« Was für ein schrecklicher Mensch! »Ich will keinen Träger. Ich möchte das selber tragen.« Sie mußte rennen, um mit ihm Schritt zu halten, und ihr Zorn, viel stärker als sie, lief vor ihr her und riß dem Schuft die Tasche aus der Hand. Er kümmerte sich nicht im geringsten darum, sondern marschierte weiter den langen, dunklen Bahnsteig lang und über ein Gleis. »Ein Räuber!« Sie war fest überzeugt, er sei ein Räuber, als sie zwischen die Schienen trat und die Schlacke unter ihren Schuhen knirschen hörte. Auf der anderen Seite – oh, Gott sei Dank! – wartete ein Zug, an dem ›München‹ stand. Der Mann blieb neben den riesengroßen, hell erleuchteten Wagen stehen. »Zweite Klasse?« fragte die unverschämte Stimme. »Ja, ein Damenabteil.« Sie war ganz außer Atem. Sie suchte in ihrem kleinen Portemonnaie nach einer Münze, die klein genug wäre für diesen schrecklichen Menschen, während er ihren Reisekorb in das Gepäcknetz eines leeren Wagens schleuderte, an dessen Fenster ein Zettel ›Dames Seules‹ geklebt war. Sie stieg ein und gab ihm zwanzig Centimes. »Was soll das?« schrie der Mann und starrte erst das Geld und dann sie an, hielt es an seine Nase, beschnupperte es, als hätte er noch nie im Leben eine solche Summe gesehen, geschweige denn in der Hand gehalten. »Es kostet einen Franc. Das wissen Sie doch, oder? Es kostet einen Franc. So viel habe ich zu kriegen!« Einen Franc! Bildete er sich etwa ein, sie gäbe ihm einen Franc dafür, daß er sie so hereingelegt hatte, bloß weil sie ein Mädchen und bei Nacht allein unterwegs war! Niemals, niemals! Sie quetschte das Portemonnaie in der Hand zusammen und übersah ihn einfach – sie betrachtete eine Ansicht von St. Malo an der Wand gegenüber und hörte ihn einfach nicht. »O nein. O nein. Vier Sous. Sie irren sich. Da, nehmen Sie das zurück. Ich möchte einen Franc.« Er sprang aufs Trittbrett und warf ihr das Geld in den Schoß. Vor Angst zitternd, kroch sie ganz in sich zusammen, streckte eine eiskalte Hand aus und nahm das Geld – verbarg es in ihrer Hand. »Das ist alles, was Sie kriegen«, sagte sie. Ein oder zwei Minuten spürte sie, wie seine stechenden Augen sie durchbohrten, er nickte langsam und verzog den Mund: »Se-ehr gut. Trrrès bien.« Er zuckte mit den Schultern und verschwand in der Dunkelheit. Ach, was für eine Wohltat! Das war einfach schrecklich gewesen. Als sie aufstand, um nachzusehen, ob der Reisekorb auch nicht umfallen konnte, erblickte sie sich selbst im Spiegel, ganz weiß, mit großen, runden Augen. Sie band den ›Autoschleier‹ ab und knöpfte das grüne Cape auf. »Aber jetzt ist doch alles vorbei«, sagte sie zu dem Gesicht im Spiegel, irgendwie kam es ihr vor, als hätte es mehr Angst als sie.

Die Leute begannen auf den Bahnsteig zu strömen. Sie standen in Grüppchen beisammen und unterhielten sich. Das seltsame Licht der Bahnhofslampen malte ihre Gesichter beinahe grün. Ein kleiner Junge in Rot kam mit einem riesigen Teewagen herangeklappert, stützte sich darauf, pfiff und ließ eine Serviette auf die Stiefel klatschen. Eine Frau in einer schwarzen Alpakaschürze schob einen Karren mit Kopfkissen zum Ausleihen vor sich her. Sie sah träumerisch und gedankenverloren aus, wie eine Frau, die einen Kinderwagen schiebt – hin und her, hin und her –, mit einem schlafenden Baby darin. Von irgendwoher trieb es Kränze aus weißem Rauch herbei, und sie hingen unter dem Dach wie verworrene Ranken. ›Wie seltsam das alles ist‹, dachte die kleine Gouvernante, ›und dazu noch mitten in der Nacht.‹ Sie lugte aus ihrer sicheren Ecke hervor, jetzt nicht mehr ängstlich, sondern stolz darauf, daß sie den Franc nicht gegeben hatte. »Ich kann auf mich selbst aufpassen, ja natürlich. Wichtig ist, nicht zu –« Plötzlich hörte sie vom Gang her kräftige Schritte und Männerstimmen, laut, von Fetzen lärmenden Gelächters unterbrochen. Sie kamen in ihre Richtung. Die kleine Gouvernante verkroch sich in ihre Ecke, als vier junge Männer in Zylinderhüten vorbeigingen und durch Tür und Fenster hereinsahen. Einer von ihnen schüttete sich vor Lachen förmlich aus, als er auf das Schild ›Dames Seules‹ zeigte, und die vier beugten sich herab, um das kleine Mädchen, das mutterseelenallein in der Ecke saß, besser sehen zu können. O du liebe Güte, sie waren im Nachbarabteil. Sie hörte sie umhergehen und dann eine plötzliche Stille, woraufhin ein großer hagerer Mensch mit einem winzigen schwarzen Schnurrbart ihre Tür aufriß. »Wenn Mademoiselle zu uns herüberkommen möchte«, sagte er auf französisch. Sie sah, wie sich die anderen hinter ihm drängten, unter seinem Arm hindurch spähten und über die Schulter hinweg, und sie saß sehr gerade und still da. »Wenn Mademoiselle uns die Ehre erweisen würde«, spottete der Lange. Einer von ihnen konnte nicht länger an sich halten; schallend platzte er heraus. »Mademoiselle ist sehr ernst«, beharrte der junge Mann unter Verbeugungen und Grimassenschneiden. Schwungvoll zog er den Hut, und sie war wieder allein.

»En voiture. En voi-ture!« Jemand lief neben dem Zug auf und ab. »Ach, wenn es doch nicht Nacht wäre. Ach, wenn doch noch eine Frau mit im Wagen säße. Ich habe Angst vor den Männern da nebenan.« Die kleine Gouvernante blickte zum Fenster hinaus, um zu sehen, wie ihr Gepäckträger zurückkam – derselbe Mann steuerte, die Arme voller Gepäck, auf ihr Abteil zu. Aber – aber was machte er denn da? Er schob den Daumennagel unter die Aufschrift ›Dames Seules‹ und riß sie geradewegs herunter, und dann stand er da und schielte zu ihr hin, während ein alter Mann, in ein Plaidcape gehüllt, das Trittbrett erklomm. »Aber das ist ein Damenabteil.« – »O nein, Mademoiselle, Sie irren sich. Nein, nein, ich versichere Sie. Merci, Monsieur.« – »En voi-turre!« Schrilles Pfeifen. Triumphierend trat der Gepäckträger zurück, und der Zug fuhr los. Für ein paar Augenblicke füllten sich ihre Augen mit großen Tränen, und durch den Tränenschleier hindurch sah sie, wie sich der alte Mann aus einem Schal herauswickelte und die Klappen seiner Jägermütze aufband. Er sah sehr alt aus. Mindestens neunzig. Er hatte einen weißen Schnurrbart, kleine blaue Augen hinter einer großen goldumrandeten Brille und rosige, zerfurchte Wangen. Ein angenehmes Gesicht – und charmant war die Art, wie er sich vorbeugte und in holprigem Französisch sagte: »Störe ich Sie, Mademoiselle? Möchten Sie lieber, daß ich die ganzen Sachen wieder aus dem Gepäcknetz nehme und mir ein anderes Abteil suche?« Wie! Dieser alte Mann sollte all die schweren Sachen schleppen, bloß weil sie... »Nein, es ist schon in Ordnung. Sie stören mich absolut nicht.« – »Oh, tausend Dank.« Er setzte sich ihr gegenüber, knöpfte den Kragen seines riesigen Mantels auf und schleuderte ihn von den Schultern.

Der Zug schien froh zu sein, daß er den Bahnhof

hinter sich gelassen hatte. Er machte einen großen Satz in die Dunkelheit hinein. Mit dem Handschuh rieb sie ein Stück vom Fenster blank, aber sie konnte nichts sehen – nur einen Baum, der sich wie zu einem schwarzen Fächer reckte, oder zerstreute Lichter oder die Umrisse eines Berges, erhaben und gewaltig. Im Nachbarabteil begannen die jungen Männer zu singen, »Un, deux, trois«. Sie sangen immer wieder dasselbe Lied, so laut sie konnten.

»Ich hätte mich nie wagen können einzuschlafen, wenn ich allein gewesen wäre«, stellte sie fest. »Ich hätte meine Füße nicht hochtun oder nicht mal den Hut absetzen können.« Der Gesang bewirkte ein merkwürdiges kleines Zittern in ihrer Magengegend, und während sie die verschränkten Arme unter dem Cape fest an sich preßte, damit es aufhöre, freute sie sich richtig darüber, daß der alte Mann bei ihr im Abteil saß. Durch ihre langen Wimpern spähte sie zu ihm hinüber, vorsichtig darauf bedacht, daß er nicht hersähe. Er saß kerzengerade da, die Brust herausgestreckt, das Kinn eingezogen, die Knie zusammengepreßt, und las eine deutsche Zeitung: Deshalb sprach er so drollig Französisch. Er war Deutscher. Vermutlich irgend etwas in der Armee – Oberst oder General – früher natürlich, nicht jetzt; dazu war er jetzt zu alt. Wie geschniegelt und gebügelt er für einen alten Mann aussah! In seiner schwarzen Krawatte steckte eine Perlennadel, und am kleinen Finger trug er einen Ring mit einem dunkelroten Stein; aus der Jackettasche seines Zweireihers sah die Spitze eines weißen Seidentüchleins hervor. Alles in allem bot er irgendwie einen wirklich angenehmen Anblick. Die meisten alten Männer waren so scheußlich. Sie konnte es nicht ertragen, wenn sie tatterig waren – oder einen widerlichen Husten oder irgend so etwas hatten. Doch daß er keinen Bart trug, das änderte alles, und dann waren seine Backen so rosig und der Schnurrbart so ganz weiß. Die deutsche Zeitung sank herab, und mit derselben entzückenden Galanterie beugte sich der alte Mann vor: »Sprechen Sie Deutsch, Mademoiselle?« – »Ja, ein wenig, mehr als Französisch«, antwortete die kleine Gouvernante; sie wurde dunkelrot, und die Röte überzog langsam ihr Gesicht und ließ ihre blauen Augen beinahe schwarz aussehen. »Ach so!« Der alte Mann verneigte sich artig. »Dann möchten Sie sich vielleicht ein paar Illustrierte ansehen?« Er streifte von einer kleinen

Rolle Zeitschriften ein Gummiband ab und reichte sie hinüber. »Vielen Dank.« Sie sah sich sehr gern Bilder an, zuvor aber wollte sie Hut und Handschuhe ablegen. Sie stand auf, löste die Nadeln an dem braunen Strohhut und legte ihn fein säuberlich ins Gepäcknetz neben den Reisekorb, streifte die braunen Glacéhandschuhe ab, rollte beide fest zusammen und steckte sie aus Sicherheitsgründen in den Hut, dann setzte sie sich wieder hin, bequemer diesmal, die Beine übereinandergeschlagen, im Schoß die Zeitungen. Wie freundlich der alte Mann in der Ecke sie beobachtete, wie ihre unbedeckte kleine Hand die großen weißen Seiten umblätterte, ihr zusah, wie sie die Lippen bewegte, als sie die langen Wörter vor sich hin sagte, den Blick auf ihrem Haar ruhen ließ, das im Lichtschein hell schimmerte. Ach! wie tragisch war es doch für eine kleine Gouvernante, wenn sie Haare hatte, die einen an Mandarinen und Ringelblumen, an Aprikosen und Schildpattkatzen und Champagner denken ließen! Vielleicht war es das, was der alte Mann dachte, als er so starrte und starrte, und daß nicht einmal die dunklen häßlichen Kleider ihre zarte Schönheit verhüllen konnten. Vielleicht war die Röte, die ihm ins Gesicht stieg, Zornesröte, daß etwas so Junges und Zartes allein und unbeschützt durch die Nacht fahren mußte. Wer weiß, ob er nicht auf seine sentimentale deutsche Art murmelte: »Ja, es ist eine Tragödie! Ich wollte bei Gott, ich wär der Großvater von dem Kind!«

»Haben Sie vielen Dank. Sie waren sehr interessant.« Mit einem reizenden Lächeln gab sie ihm die Zeitungen zurück. »Sie sprechen aber sehr gut Deutsch«, sagte der alte Mann. »Sie sind natürlich schon einmal in Deutschland gewesen?« – »O nein, das ist das erste Mal« – eine kleine Pause, dann – »das ist überhaupt das erste Mal, daß ich im Ausland bin.« »Wirklich! Ich bin überrascht. Sie machten auf mich den Eindruck, wenn ich so sagen darf, als wären Sie ans Reisen gewöhnt.« – »Ja, also – ich bin in England ziemlich viel herumgekommen, und einmal war ich in Schottland.« – »So. Ich bin einmal in England gewesen, aber Englisch habe ich nicht lernen können.« Er hob eine Hand und schüttelte lachend den Kopf. »Nein, das war zu schwierig für mich ... ›Ow-do-you-do. Please vich is ze vay to Leicestaire Squaare?‹« Sie lachte ebenfalls. »Ausländer sagen immer ...« Sie unterhielten sich ziemlich ausführlich darüber.

»Aber München wird Ihnen gefallen«, sagte der alte Mann. »München ist eine wunderbare Stadt. Museen, Bilder, Galerien, schöne Gebäude und Geschäfte, Konzerte, Theater, Restaurants – all das bietet München. Ich bin viele, viele Male in meinem Leben in ganz Europa herumgereist, aber immer kehre ich wieder nach München zurück. München wird Ihnen bestimmt viel Freude machen.« – »Ich werde nicht in München *bleiben*«, erwiderte die kleine Gouvernante, und scheu fügte sie hinzu: »Ich trete bei einer Arztfamilie in Augsburg eine Stelle als Gouvernante an.« – »Ach, so ist das.« Augsburg kannte er. Nun – Augsburg war nicht schön. Eine solide Industriestadt. Aber wenn Deutschland für sie neu war, würde sie hoffentlich auch dort etwas Interessantes finden. »Ganz bestimmt.« – »Aber wie schade, daß Sie nicht München kennenlernen, ehe Sie weiterfahren. Sie sollten unterwegs ein bißchen Urlaub machen« – er lächelte – »und ein paar angenehme Erinnerungen sammeln.« – »Bedauere, *das* könnte ich nicht machen«, sagte die kleine Gouvernante mit einem Kopfschütteln, plötzlich wichtig und ernsthaft. »Und dann, wenn man allein ist...« Er verstand. Er verneigte sich, ebenfalls ernsthaft.

Dann schwiegen sie. Der Zug ratterte dahin, bot seine dunkle, flammende Brust den Hügeln und Tälern dar. Im Abteil war es warm. Sie schien sich gleichsam an das dunkle Vorwärtsbrausen anzuschmiegen und davongetragen zu werden, weiter, immer weiter. Schwache Geräusche waren zu hören; Schritte im Gang, das Öffnen und Schließen von Türen – Stimmengemurmel – Pfeifen ... Dann wurde das Fenster wie von langen Regennadeln zerstochen ... Aber das machte nichts ... es war ja draußen ... und sie hatte einen Schirm ... sie spitzte den Mund, seufzte, öffnete und schloß einmal die Hände und fiel in tiefen Schlaf.

»Pardon! Pardon!« Das gleitende Geräusch der Abteiltür ließ sie erschrocken aus dem Schlaf auffahren. Was war passiert? Jemand war hereingekommen und wieder hinausgegangen. Der alte Mann saß in seiner Ecke, aufrechter denn je, die Hände in den Rocktaschen, und schaute sehr finster drein. »Ha! Ha! Ha!« tönte es aus dem Nachbarabteil. Noch halb im Schlaf, hob sie die Hände an ihr Haar, um sich zu überzeugen, daß es kein Traum sei. »Schändlich!« murmelte der alte Mann mehr zu sich als zu ihr. »Gemeine, gewöhnliche

Kerle! Es tut mir leid, daß sie Sie gestört haben, gnädiges Fräulein, daß sie hier so hereingeplatzt sind.« Nein, eigentlich nicht. Sie wäre jetzt sowieso aufgewacht, und sie zog ihre silberne Uhr hervor, um zu sehen, wie spät es sei. Halb fünf. Kaltes blaues Licht füllte die Fensterscheiben. Wenn sie jetzt eine Stelle blank rieb, konnte sie helle Feldstreifen sehen, eine Gruppe weißer Häuser, die wie Pilze wirkten, eine Straße, ›wie gemalt‹, mit Pappeln zu beiden Seiten, einen schmalen Fluß. Wie schön das war! Wie schön und wie anders! Sogar die rosaroten Wolken am Himmel sahen fremd aus. Es war kalt, aber sie tat, als wäre es noch viel kälter, rieb die Hände aneinander und schauderte, zupfte am Mantelkragen, weil sie so glücklich war.

Der Zug verlangsamte die Fahrt. Die Lokomotive stieß ein langes, schrilles Pfeifen aus. Sie näherten sich einer Stadt. Höhere Häuser, rosig und gelb, glitten vorbei, hinter den grünen Augenlidern in tiefem Schlaf, von den Pappeln bewacht, die in der blauen Luft zitterten, als stünden sie auf Zehenspitzen und lauschten. In einem Haus machte eine Frau die Fensterläden auf, schleuderte eine rot-weiße Matratze über den Fensterrahmen, stand da und starrte auf den Zug. Eine blasse Frau mit schwarzem Haar und einem weißen wollenen Tuch um die Schultern. Jetzt erschienen mehr Frauen an den Türen und Fenstern der schlafenden Häuser. Da kam eine Schafherde. Der Schäfer trug eine blaue Bluse und spitze Holzschuhe. Sieh doch! Sieh doch da die Blumen – auch am Bahnhof. Hochstämmige Rosen wie Brautbuketts, weiße Geranien, wachsartig und rosarot, wie man sie zu Hause *niemals* auch nur in einem Gewächshaus sah. Langsamer, immer langsamer. Ein Mann mit einer Gießkanne sprengte den Bahnsteig. »A-a-a-ah!« Da kam einer angerannt und schwenkte die Arme. Eine riesige, dicke Frau watschelte durch die Glastüren des Bahnhofsgebäudes mit einem Erdbeerkorb. Ach, hatte sie einen Durst! Sie hatte sehr großen Durst! »A-a-a-ah!« Der Armschwenker rannte wieder zurück. Der Zug hielt.

Der alte Mann zog den Mantel um sich und stand auf, er lächelte ihr zu. Er murmelte etwas, was sie nicht ganz verstand, aber sie erwiderte das Lächeln, als er aus dem Abteil ging. Als er fort war, betrachtete sich die kleine Gouvernante wieder im Spiegel, sie schüttelte sich und strich an sich herum mit genau der praktischen Fürsorge eines Mädchens, das alt genug ist, um allein zu verreisen, und das niemanden anders hat, um ihr zu versichern, daß ›hinten alles in Ordnung‹ ist. Der Durst, ach, der Durst! Die Luft schmeckte nach Wasser. Sie ließ das Fenster herunter, und die dicke Frau mit den Erdbeeren ging vorbei, als wäre es Absicht; sie hielt den Korb zu ihr hoch. »Nein, danke«, sagte die kleine Gouvernante, dabei hing ihr Blick an den großen Beeren auf den schimmernden Blättern. »Wieviel?« fragte sie, als die dicke Frau sich entfernen wollte. »Zwei Mark fünfzig, Fräulein.« – »Du lieber Gott!« Sie trat vom Fenster weg und setzte sich in ihre Ecke, einen Augenblick lang ganz ernüchtert. Eine halbe Krone! »Hu-u-u-u-i-i-i-!« schrillte der Zug, als sammelte er sich, um wieder loszufahren. Der alte Mann würde doch hoffentlich nicht zurückbleiben. Ach, es war Tag – alles war wunderbar, wenn sie nur nicht solchen Durst gehabt hätte. Wo war denn bloß der alte Mann – ach, hier kam er ja, sie zeigte ihm ihre Grübchen, als wäre er ein alter, gerngesehener Freund, als er die Tür schloß, sich umdrehte und unter seinem Umhang ein Körbchen Erdbeeren zum Vorschein brachte. »Wenn das Fräulein mir die Ehre erweisen und diese annehmen würde...« – »Was – für mich?« Aber sie wich zurück und hob abwehrend die Hände, als schickte er sich an, ihr ein wildes kleines Kätzchen in den Schoß zu legen.

»Gewiß doch, für Sie«, erwiderte der alte Mann. »Was mich betrifft, so ist es zwanzig Jahre her, daß ich mutig genug war, Erdbeeren zu essen.« – »Oh, recht vielen Dank. Danke bestens«, stammelte sie, »sie sind sehr schön!« – »Essen Sie nur«, sagte der alte Mann, er sah zufrieden und freundlich aus. »Und Sie wollen nicht mal eine haben?« – »Nein, nein, nein.« Zaghaft und bezaubernd zauderte ihre Hand. Sie waren so groß und saftig, sie mußte zweimal hineinbeißen – der Saft lief ihr über die Finger – und es war, während sie die Beeren aß, es war das erste Mal, daß sie an den alten Mann als Großvater dachte. Was für einen vollkommenen Großvater er abgeben würde! Ganz wie aus dem Bilderbuch!

Die Sonne kam heraus, die rosaroten Wolken am Himmel, die Erdbeerwolken, wurden von dem Blau verspeist. »Sind sie gut?« fragte der alte Mann. »So gut, wie sie aussehen?«

Als sie die Beeren aufgegessen hatte, war ihr, als

kenne sie ihn schon Jahre. Sie erzählte ihm von Frau Arnholdt und wie sie die Stelle bekommen hatte. Ob er das Hotel Grunewald kannte? Frau Arnholdt würde nicht vor dem Abend ankommen. Er hörte zu und hörte zu, bis er über die ganze Sache genausoviel wußte wie sie, bis er sagte, ohne sie dabei anzusehen – er strich die Innenseite seiner braunen Wildlederhandschuhe glatt: »Ob ich Ihnen heute wohl ein bißchen München zeigen darf? Nicht viel – sondern vielleicht nur eine Bildergalerie und den Englischen Garten. Es wäre doch so schade, wenn Sie den Tag im Hotel verbringen müßten, und auch ein bißchen unbequem ... an einem fremden Ort. Nicht wahr? Sie wären am frühen Nachmittag wieder zurück, oder wann immer Sie möchten natürlich, und Sie würden einem alten Mann eine große Freude machen.«

Erst eine Weile später, nachdem sie »Ja« gesagt hatte – weil er ihr von dem Augenblick an, da sie es gesagt und er ihr gedankt hatte, von seinen Reisen in die Türkei zu erzählen begann und von Rosenöl –, fragte sie sich, ob das unrecht von ihr sei. Schließlich kannte sie ihn ja gar nicht. Aber er war so alt, und er war so sehr freundlich zu ihr gewesen

– von den Erdbeeren ganz zu schweigen... Und sie hätte es auch nicht erklären können, wenn sie »Nein« gesagt hätte, und in gewisser Weise war es ihr letzter Tag, der letzte Tag, den sie wirklich genießen konnte. »War das unrecht von mir? War's unrecht?« Ein Klecks Sonnenlicht fiel in ihre Hände und lag da, warm und zitternd. »Wenn ich Sie bis zum Hotel begleiten und Sie gegen zehn wieder abholen dürfte«, schlug er vor. Er zog ein Notizbuch heraus und gab ihr seine Karte. ›Herr Regierungsrat...‹ Er hatte einen Titel! Nun, da *mußte* es einfach in Ordnung sein! Daraufhin überließ sich die kleine Gouvernante dem erregenden Gefühl, wirklich im Ausland zu sein, hinauszusehen und die fremden Reklameschilder zu lesen, von den Orten zu erfahren, zu denen sie kamen – wobei der charmante alte Großvater für ihre Aufmerksamkeit und ihr Vergnügen sorgte, bis sie München und den Hauptbahnhof erreichten. »Dienstmann! Dienstmann!« Er suchte ihr einen Gepäckträger, entledigte sich mit wenigen Worten seines Gepäcks, geleitete sie durch die verwirrende Menge aus dem Bahnhof die sauberen weißen Stufen hinunter auf die weiße Straße zu ihrem Hotel. Er erklärte dem Geschäftsführer, wer sie war, als ob all das einfach hätte geschehen müssen, und dann verlor sich für einen Augenblick ihre kleine Hand in den großen braunen Wildlederhandschuhen. »Ich hole Sie um zehn ab.« Fort war er.

»Hier lang, Fräulein«, sagte ein Kellner, der sich, ganz Auge und Ohr für das seltsame Paar, hinter dem Rücken des Geschäftsführers versteckt hatte. Sie folgte ihm zwei Treppen hoch in ein dunkles Schlafzimmer. Er ließ ihren Reisekorb fallen und zog eine schmutzige klappernde Jalousie hoch. Uff! was für ein häßliches, kaltes Zimmer – was für riesige Möbel! Sich vorzustellen, den Tag hier zu verbringen! »Ist das das Zimmer, das Frau Arnholdt bestellt hat?« fragte die kleine Gouvernante. Der Kellner hatte eine eigentümliche Art, sie anzustarren, als ob sie etwas Seltsames an sich hätte. Er spitzte den Mund, als wolle er pfeifen, dann überlegte er es sich aber anders. »Gewiß«, sagte er. Nun, warum ging er denn nicht? Warum starrte er sie so an? »Gehen Sie«, sagte die kleine Gouvernante mit kühler englischer Einfachheit. Seine kleinen Korinthenaugen fielen ihm beinahe aus dem schlaffen Gesicht. »Gehen Sie sofort«, wiederholte sie eisig. An der Tür drehte er sich um.

»Und der Herr«, sagte er, »soll ich den Herrn heraufbringen, wenn er kommt?«

Über den weißen Straßen dicke weiße, mit Silber eingefaßte Wolken – und überall Sonnenschein. Dicke, behäbige Kutscher lenkten behäbige Droschken; drollige Frauen mit kleinen runden Hüten machten die Straßenbahnschienen sauber; lachende und einander anrempelnde Menschen; Bäume zu beiden Seiten der Straßen, und beinahe überall, wohin man schaute, gewaltige Springbrunnen; Gelächter auf den Fußwegen, auf der Straßenmitte oder aus geöffneten Fenstern. Und neben ihr, noch geschniegelter als zuvor, einen zusammengerollten Schirm in der einen Hand, gelbe statt braune Handschuhe in der andern, ihr Großvater, der sie eingeladen hatte, den Tag mit ihm zu verbringen. Es verlangte sie danach zu laufen, es verlangte sie danach, sich bei ihm einzuhängen, es verlangte sie danach, jede Minute auszurufen: »Ach, ich bin so schrecklich glücklich!« Er führte sie über die Straßen, stand still dabei, während sie ›schaute‹, seine freundlichen Augen strahlten sie an, und er sagte: »Alles, was Sie sich wünschen.« Um elf aß sie zwei Weißwürste und zwei frische

Brötchen, und sie trank Bier dazu, das, wie er sagte, nicht betrunken machte, das ganz und gar nicht wie engliches Bier sei, aus einem Glas wie eine Blumenvase. Und dann nahmen sie eine Droschke, und wahrhaftig, sie muß Tausende und aber Tausende von wundervollen klassischen Bildern in vielleicht einer Viertelstunde gesehen haben! »Ich werde über sie nachdenken müssen, wenn ich allein bin ...« Aber als sie aus der Bildergalerie herauskamen, regnete es. Der Großvater spannte seinen Schirm auf und hielt ihn über die kleine Gouvernante. Sie machten sich auf den Weg ins Restaurant zum Mittagessen. Sie dicht neben ihm, damit er auch etwas von dem Schirm hätte. »Es ist einfacher«, bemerkte er in seiner gleichgültigen Art, »wenn Sie meinen Arm nehmen, Fräulein. Und außerdem ist das in Deutschland so Sitte.« So nahm sie denn seinen Arm und ging neben ihm her, während er auf die berühmten Statuen wies, so gefesselt, daß er ganz vergaß, den Schirm zuzumachen, auch als der Regen längst vorüber war.

Nach dem Mittagessen gingen sie in ein Café, um eine Zigeunerkapelle spielen zu hören, aber das gefiel ihr gar nicht. Hu! das waren ja so fürchterliche Männer mit Eierköpfen und Schmissen im Gesicht, daß sie ihren Stuhl umdrehte, die brennenden Wangen in den Händen vergrub und statt dessen ihren alten Freund beobachtete... Dann gingen sie in den Englischen Garten.

»Wie spät es wohl sein mag«, fragte die kleine Gouvernante. »Meine Uhr ist stehengeblieben. Gestern abend im Zug habe ich vergessen, sie aufzuziehen. Wir haben so eine Menge gesehen, daß es mir vorkommt, als wäre es schon mächtig spät.« – »Spät!« Er blieb lachend vor ihr stehen und schüttelte den Kopf auf eine Weise, die ihr nun schon bekannt vorkam. »Dann hat es Ihnen nicht wirklich Spaß gemacht. Spät! Wieso denn, wir haben doch noch nicht einmal ein Eis gegessen!« – »Oh, aber es hat mir Spaß gemacht!« rief sie bekümmert, »mehr, als ich vielleicht sagen kann. Es war wunderbar! Nur, Frau Arnholdt wird um sechs im Hotel sein, und ich müßte spätestens um fünf dort sein.« – »Das sollen Sie auch. Nach dem Eis setze ich Sie in eine Droschke, und Sie können ganz bequem dorthin fahren.« Sie war wieder froh. Das Schokoladeneis schmolz – schmolz in kleinen Schlückchen tief nach unten. Die Schatten der Bäume tanzten auf den Tischtüchern, und sie saß sicher mit dem Rücken zu der reichverzierten Uhr, die fünf Minuten nach halb sieben zeigte. »Wirklich und wahrhaftig«, sagte die kleine Gouvernante ganz ernsthaft, »das war der glücklichste Tag meines Lebens. Noch nicht einmal in meiner Vorstellung hat es einen solchen Tag gegeben.« Trotz Eis glühte ihr dankbares Kindergemüt vor Liebe zu dem Großvater aus dem Märchen.

So gingen sie denn aus dem Garten hinaus und eine lange Allee entlang. Der Tag war fast zu Ende. »Sehen Sie diese großen Gebäude gegenüber?« fragte der alte Mann. »Dort im dritten Stock – da wohne ich. Ich und die alte Haushälterin, die sich um mich kümmert.« Sie war sehr interessiert. »Ehe ich Ihnen jetzt eine Droschke besorge, wollen Sie meinem ›Heim‹ einen Besuch abstatten, und darf ich Ihnen da eine Flasche Rosenöl geben, wovon ich Ihnen im Zug erzählt habe? Zur Erinnerung?« Sehr gern. »Noch nie in meinem Leben habe ich eine Junggesellenwohnung gesehen«, lachte die kleine Gourvernante.

Der Flur war ziemlich dunkel. »Oh, meine alte Aufwartefrau ist sicher fortgegangen, um für mich ein Huhn zu kaufen. Einen Augenblick.« Er öffnete eine Tür und trat zur Seite, um sie vorbeizulassen, ein klein wenig schüchtern, aber neugierig, in ein eigenartiges Zimmer. Sie wußte nicht recht, was sie sagen sollte. Es war kein hübsches Zimmer. In gewisser Hinsicht war es sehr häßlich – aber ordentlich und für so einen alten Mann sicher bequem. »Nun, was halten Sie davon?« Er kniete sich hin und nahm aus einem Schrank ein rundes Tablett mit zwei blaßroten Gläsern und einer großen blaßroten Flasche. »Dazu zwei kleine Schlafzimmer«, sagte er fröhlich, »und eine Küche. Es genügt, ja?« – »Oh, völlig.« – »Und wenn Sie jemals in München sein sollten und ein paar Tage bleiben möchten, nun, da gibt es immer ein kleines Nest – ein Hühnerbein und Salat und einen alten Mann, der entzückt wäre, Sie wieder einmal als Gast dazuhaben und noch viele viele Male, liebes kleines Fräulein!« Er zog den Stöpsel aus der Flasche und goß Wein in die beiden blaßroten Gläser. Die Hand zitterte ihm, und der Wein schwappte auf das Tablett. Es war still im Zimmer. Sie sagte: »Ich glaube, ich muß jetzt gehn.« – »Aber Sie trinken doch ein winziges Gläschen Wein mit mir – nur eins, ehe Sie gehen?« fragte der alte Mann. »Nein, wirklich nicht. Ich trinke nie Wein. Ich – ich habe versprochen, nie Wein oder so etwas anzurühren.« Und obgleich er inständig bat und obgleich sie sich furchtbar unhöflich vorkam, besonders da er es sich so zu Herzen zu nehmen schien, blieb sie fest entschlossen. »Nein, *wirklich*, bitte.« – »Also, wollen Sie sich dann nur für fünf Minuten auf das Sofa setzen und mich auf Ihr Wohl trinken lassen?« Die kleine Gouvernante setzte sich auf den Rand des roten Samtsofas, und er setzte sich neben sie und trank in einem Zug auf ihr Wohl. »Sind Sie heute wirklich glücklich gewesen?« fragte der alte Mann. Er drehte sich um, so dicht neben ihr, daß sie sein Knie an ihrem spürte. Ehe sie noch antworten konnte, hielt er ihre Hände. »Und geben Sie mir einen kleinen Kuß, ehe Sie gehen?« fragte er und zog sie noch enger an sich.

Es war ein Traum! Das gab es doch gar nicht! Das war doch nicht derselbe alte Mann. Oh, wie furchtbar! Voller Entsetzen starrte ihn die kleine Gouvernante an. »Nein, nein, nein!« stammelte sie und entwand sich seinen Händen. »Einen kleinen Kuß. Einen Kuß. Was ist denn schon dabei? Bloß einen Kuß, liebes kleines Fräulein. Einen Kuß.« Er schob sein Gesicht dicht heran, ein gemeines Lächeln um den Mund. Und wie seine kleinen blauen Augen hinter den Brillengläsern funkelten! »Niemals – niemals! Wie können Sie nur!« Sie sprang auf, aber er kam ihr zuvor, er hielt sie an der Wand fest und drückte seinen alten harten Körper an sie und sein zuckendes Knie, und obgleich sie ihren Kopf hin- und herwarf, ganz außer sich, küßte er sie auf den Mund. Auf den Mund! Wohin keine Menschenseele, die nicht nahe verwandt mit ihr war, sie jemals zuvor geküßt hatte...

Sie rannte, rannte die Straße entlang, bis sie zu einer breiten Straße kam mit Straßenbahnschienen und einem Polizisten, der wie eine Aufziehpuppe in der Mitte stand. »Ich möchte eine Straßenbahn zum Hauptbahnhof«, schluchzte die kleine Gouvernante. »Fräulein?« Sie rang die Hände. »Hauptbahnhof. Da – da kommt jetzt eine«, und während er sehr erstaunt achtgab, sprang das kleine Mädchen, dem der Hut schiefgerutscht war, das ohne Taschentuch weinte, auf die Straßenbahn – weder sah sie den stirnrunzelnden Schaffner noch hörte sie, wie die ›hochwohlgebildete Dame‹ mit einer empörten Bekannten über sie herzog. Sie schüttelte sich, schluchzte laut auf und stöhnte: »Oh, oh!«, dabei preßte sie die Hände an den Mund. »Sie war beim Zahnarzt«, gellte die

Stimme einer dicken alten Frau, die zu einfältig war, um lieblos zu sein. »Na, sagen Sie mal, was heißt Zahnschmerzen! Das Kind hat gar keinen mehr im Mund.« Währenddessen schaukelte und quietschte die Straßenbahn durch eine Welt voller alter Männer mit zuckenden Knien.

Als die kleine Gouvernante ins Vestibül des Hotels Grunewald kam, stand derselbe Ober, der am Morgen in ihrem Zimmer gewesen war, an einem Tisch und polierte Gläser auf einem Tablett. Der Anblick der kleinen Gouvernante schien ihn mit einer unerklärlichen vielsagenden Zufriedenheit zu erfüllen. Er war auf ihre Frage gefaßt; seine Antwort kam prompt und zuvorkommend. »Ja, Fräulein, die Dame ist hiergewesen. Ich habe ihr gesagt, daß Sie angekommen und gleich wieder mit einem Herrn weggegangen sind. Sie hat mich gefragt, wann Sie wiederkämen – aber das konnte ich ihr natürlich nicht sagen. Und dann ist sie zum Geschäftsführer gegangen.« Er nahm ein Glas vom Tisch, hielt es gegen das Licht, schaute es an, wobei er ein Auge zukniff, und begann, es mit einem Zipfel seiner Schürze zu polieren. »...?« – »Wie bitte, Fräulein? Ach, nein, Fräulein. Der

Chef konnte ihr auch nichts sagen – nichts.« Er schüttelte den Kopf und lächelte zu dem blinkenden Glas. »Wo ist die Dame jetzt?« fragte die Gouvernante. Sie zitterte so sehr, daß sie ein Taschentuch vor den Mund halten mußte. »Woher soll ich das wissen?« rief der Kellner, und als er an ihr vorbeischoß, um sich auf einen Neuankömmling zu stürzen, schlug ihm das Herz so stark gegen die Rippen, daß er beinahe laut losgekichert hätte. ›So ist's recht! So ist's recht!‹ dachte er. ›Das wird's ihr zeigen.‹ Und als er sich den mächtigen Koffer des Neuankömmlings auf die Schultern schwang – ha! –, als wäre er ein Riese und der Koffer leicht wie eine Feder, wiederholte er in geziertem Tonfall die Worte der kleinen Gouvernante: »Gehen Sie! Gehen Sie sofort! Das werde ich! Ja, das werde ich!« schrie er sich selbst an.

An der Bucht

Sehr früh am Morgen. Die Sonne war noch nicht aufgegangen, und die Crescent-Bucht lag völlig unter einem weißen Nebelschleier verborgen. Die großen, mit Buschwerk bedeckten Hügel im Hintergrund waren ganz eingehüllt. Man konnte nicht sehen, wo sie aufhörten und die Koppeln und Bungalows begannen. Die sandige Landstraße und die Koppeln und Bungalows auf der anderen Seite waren verschwunden. Davor gab es keine weißen, mit rötlichem Gras bewachsenen Dünen. Nichts war da, was Strand und Meer voneinander unterschieden hätte. Starker Tau war gefallen. Das Gras sah blau aus. An den Büschen hingen große Tropfen, die sich gerade noch so hielten. Die silbrigen, flaumigen Toi-toi standen schlapp auf ihren langen Stengeln, und all die Ringelblumen und Nelken in den Gärten der Bungalows hingen vor Nässe auf die Erde herab. Die kühlen Fuchsien troffen, runde Tauperlen lagen auf den flachen Blättern der Kapuzinerkresse. Es sah aus, als hätte die See in der Dunkelheit einen sanften Vorstoß gewagt, als wäre eine riesige Welle dahergerollt gekommen – bis wohin? Wäre man mitten in der Nacht aufgewacht, hätte man vielleicht einen mächtigen Fisch ans Fenster schnellen und dann wieder verschwinden sehen …

Ah-Ach! erklang es von der schläfrigen See. Und aus dem Buschwerk kam das Rauschen kleiner Bäche, die schnell und leicht herabflossen, zwischen die glatten Steine schlüpften, sich in Farnmulden ergossen, um wieder herauszuströmen. Dicke Tropfen klatschten auf große Blätter, und noch etwas anderes war da – was war es? Ein leises Wispern und Knistern, das Knacken eines Zweiges, und darauf eine solche Stille, daß es schien, als lausche jemand.

Um die Ecke der Crescent-Bucht, zwischen aufgetürmten Gesteinsbrocken kam eine Schafherde angetrappelt. Dicht zusammengedrängt, eine kleine, hin und her wogende wollige Masse, und die dünnen, stelzigen Beine trotteten rasch dahin, als hätten die Kälte und Stille sie erschreckt. Ein alter Schäferhund lief hinterher, die patschnassen Pfoten voller Sand, die Schnauze am Boden, unbekümmert, als ob er an etwas anderes dächte. Und dann erschien in dem felsigen Durchgang der Schäfer selbst, ein hagerer, aufrecht gehender alter

Mann in einem groben Wollmantel, der von einem Gewebe winziger Tropfen bedeckt war, die Samthosen unter dem Knie zusammengebunden, und mit einem Schlapphut, um dessen Krempe ein blaues Tuch geschlungen war. Eine Hand hielt er in den Gürtel gesteckt, die andere umfaßte einen wunderbar glatten gelben Stock. Und wie er so bedächtig dahinging, ließ er unentwegt ein sanftes, leichtes Pfeifen hören, zarte Flötentöne, wie von weit her, die traurig und zärtlich zugleich klangen. Der alte Hund machte ein, zwei Sprünge wie vor langen Zeiten, blieb darauf, beschämt über seinen Leichtsinn, abrupt stehen und ging dann ein paar würdevolle Schritte an der Seite seines Herrn. Die Schafe rannten in kleinen trappelnden Sätzen dahin; sie begannen zu blöken, und geisterhafte Herden antworteten ihnen unten vom Meer. »Bäh! Bääh!« Eine Zeitlang schien es, als wären sie immer auf derselben Stelle. Vor ihnen erstreckte sich die sandige Landstraße mit seichten Pfützen; zu beiden Seiten die gleichen triefenden Büsche, die gleichen schemenhaften Umzäunungen. Dann kam etwas Gewaltiges in Sicht: ein mächtiger zotteliger Riese breitete die Arme aus. Das war der große Eukalyptusbaum vor dem Laden von Mrs.

Stubbs, und als sie vorbeizogen, war ein starker Eukalyptusgeruch zu spüren. Und jetzt schimmerten große Lichtflecke durch den Nebel. Der Schäfer hörte auf zu pfeifen; er rieb sich die rote Nase und den feuchten Bart mit dem nassen Ärmel und schaute blinzelnd dahin, wo das Meer lag. Die Sonne ging auf. Es war wunderbar, wie rasch der Dunstschleier dünner wurde, fortflog, sich über dem flachen Land auflöste, vom Busch emporkräuselte und verschwunden war, als hätte er es eilig wegzukommen. Große Kräuselringe und Kringel drängten und stießen einander, als die silbernen Strahlen breiter wurden. Das leuchtende, klare Himmelsblau hoch oben spiegelte sich in den Pfützen, und die Tropfen, die an den Telegrafenmasten entlangschwammen, blitzten auf wie Lichter. Die aufschäumende, glitzernde See glänzte jetzt so hell, daß die Augen schmerzten, wenn sie hinsahen. Der Schäfer zog eine Pfeife, mit einem Kopf, so klein wie eine Eichel, aus seiner Brusttasche, suchte nach einem Klumpen gefleckten Tabaks, schnitt ein paar Krümel ab und stopfte die Pfeife. Er war ein würdevoller, feiner alter Mann. Als er die Pfeife anzündete und der blaue Rauch sich um seinen Kopf ringelte, sah ihn der Hund, der ihn beobachtet hatte, ganz stolz an.

»Bäh! Bääh!« Die Schafe liefen wie zu einem Fächer auseinander. Sie hatten gerade die Sommerkolonie hinter sich gelassen, als der erste Schläfer sich umdrehte und schlaftrunken den Kopf hob. Ihr Blöken klang hinüber in die Träume der kleinen Kinder ... die die Arme hoben, um die süßen kleinen Wollschäfchen im Schlaf zu sich herabzuziehen und an sich zu drücken. Dann erschien der erste Bewohner: Burnells Katze Florrie. Sie saß auf dem Torpfosten, um, wie gewöhnlich viel zu früh, nach dem Milchmädchen Ausschau zu halten. Als sie den alten Schäferhund sah, schnellte sie hoch, machte einen Buckel, duckte den gestreiften Kopf und schüttelte sich ein wenig, als wäre sie pikiert. »Puh! Was für ein gemeines, abstoßendes Geschöpf!« sagte Florrie. Doch der alte Schäferhund wackelte vorbei, ohne aufzusehen, hin und her schlenkerte er die Beine. Nur ein Ohr zuckte, zum Zeichen, daß er sie sah und für eine alberne junge Dame hielt.

Im Busch erhob sich ein Morgenlüftchen, und der Geruch von Laub und feuchter dunkler Erde mischte sich mit dem würzigen Ruch des Meeres.

Die Stimmen unzähliger Vögel waren zu hören. Ein Goldfink flog dem Schäfer über den Kopf, ließ sich dann auf der äußersten Spitze eines kleinen Zweiges, der Sonne zugewandt, nieder und plusterte die kleinen Brustfedern auf. Und jetzt hatten sie die Hütte des Fischers hinter sich gelassen, waren sie vorbei an der verrußt aussehenden kleinen Kate, in der das Milchmädchen Leila mit seiner alten Großmutter wohnte. Die Schafe verstreuten sich über gelbem Morast, und der Schäferhund Wag trottete hinterher, trieb sie zusammen und dem steilen, engen, felsigen Pfad zu, der aus der Crescent-Bucht zur Daylight-Bucht führte. »Bäh! Bääh!« Matt klang der Ruf, als sie die rasch trocknende Straße entlangzogen. Der Schäfer steckte die Pfeife in seine Brusttasche, so daß der kleine Kopf herausguckte. Und sogleich ertönte wieder das leichte zarte Pfeifen. Wag lief auf einem schmalen Felsvorsprung einer Fährte nach und kam angeekelt zurückgelaufen. Dann verschwanden die Schafe unter Stoßen und Drängen eilig um die Biegung, der Schäfer folgte ihnen und war nicht mehr zu sehen.

2

Ein paar Augenblicke später öffnete sich die Hintertür eines der Bungalows, und eine Gestalt in einem breitgestreiften Badeanzug eilte über die Koppel, stieg über den Zauntritt, stürmte durch das Büschelgras in die Mulde, schwankte den sandigen Hügel hinauf und rannte, als gälte es das Leben, über die großen porösen Steine, über die kalten, nassen Kiesel auf den harten, wie Öl schimmernden Sand. Plitsch-platsch! Plitsch-platsch! Das Wasser gluckste Stanley Burnell um die Beine, als er frohlockend hinauswatete. Der erste, wie üblich. Wieder war er allen zuvorgekommen. Und blitzschnell tauchte er Kopf und Nacken unter Wasser.

»Heil, Bruder! Heil dir, der du mächtig bist!« dröhnte eine samtene Baßstimme über das Wasser.

Großer Gott! Verflucht! Stanley richtete sich aus dem Wasser auf und sah weit draußen einen dunklen Kopf auf und ab tanzen und einen erhobenen Arm. Das war Jonathan Trout – da vor ihm! »Ein prachtvoller Morgen!« sang die Stimme.

»Ja, sehr schön!« erwiderte Stanley kurz angebunden. Warum zum Teufel hielt sich der Kerl nicht an sein Revier? Was suchte er ausgerechnet an dieser Stelle? Stanley stieß sich ab, machte einen Satz und schwamm auf der Seite. Doch Jonathan war ihm gewachsen. Er kam heran, sein schwarzes Haar lag glatt auf seiner Stirn, der kurze Bart glänzte.

»Vergangene Nacht hatte ich einen außergewöhnlichen Traum!« schrie er.

Was war bloß mit dem Mann los? Diese Redesucht brachte Stanley maßlos auf. Und es war immer dasselbe – immer irgend so ein Quatsch von einem Traum, den er gehabt hatte, oder irgendeine verrückte Idee, die er sich in den Kopf gesetzt hatte, oder irgendwelcher Blödsinn, den er gelesen hatte. Stanley drehte sich auf den Rücken und strampelte mit den Beinen, bis er ein lebender Wasserspeier war. Doch sogar da ... »Ich hab' geträumt, ich hing über einer schrecklich hohen Klippe und rief jemandem unten etwas zu.« ›Das sieht dir ähnlich!‹ dachte Stanley. Er konnte das einfach nicht mehr ertragen. Er hörte zu spritzen auf. »Hör mal, Trout«, sagte er, »ich hab's heute morgen ziemlich eilig.«

»*Was* hast du?« Jonathan war so erstaunt – oder tat so, daß er unter Wasser sank und dann prustend wieder auftauchte.

»Ich meine nur«, sagte Stanley, »ich habe keine Zeit, um – um – um herumzualbern. Ich möchte das hinter mir haben. Ich habe es eilig. Ich muß heute morgen noch arbeiten, verstanden?«

Jonathan war weg, ehe Stanley noch geendet hatte. »Ich passe, mein Freund!« sagte die Baßstimme liebenswürdig, und er glitt durch das Wasser davon, wobei er kaum Wellen schlug... Zum Kuckuck mit dem Kerl! Er hatte Stanley das Bad verdorben. Was für ein ausgemachter Idiot der Mann doch war! Stanley schwamm weiter hinaus und dann ebenso schnell wieder zurück und rannte eilig den Strand hinauf. Er fühlte sich betrogen.

Jonathan blieb noch eine Weile im Wasser. Er ließ sich treiben, wobei er die Hände leicht wie Flossen bewegte und seinen langen, mageren Körper vom Wasser schaukeln ließ. Komisch, doch trotz allem mochte er Stanley Burnell. Zwar hatte er manchmal ein geradezu teuflisches Verlangen, ihn aufzuziehen, sich über ihn lustig zu machen, doch im Grunde tat ihm der Kerl leid. Es lag etwas Rührendes darin, wie er aus allem eine große

Sache machte. Man hatte unbedingt das Gefühl, daß es ihn eines Tages erwischen würde, und was für ein mächtiger Reinfall würde das werden! In diesem Augenblick wurde Jonathan von einer gewaltigen Welle hochgehoben, die dann an ihm vorbeirollte und sich mit einem Freudenton am Strand brach. Wie schön das war! Und jetzt kam wieder eine. So mußte man leben – unbekümmert, verwegen, sich verschwendend. Er richtete sich auf und watete zum Strand, wobei er die Zehen in den festen, welligen Sand preßte. Die Dinge nicht so schwernehmen, nicht gegen das Auf und Ab im Leben ankämpfen, sondern ihm nachgeben – so mußte es sein. Was völlig verkehrt war, war diese Spannung. Leben – ach, leben! Und der herrliche Morgen, so frisch und klar, voller Sonnenlicht, gleichsam, als lache er über seine eigene Schönheit, schien zu flüstern: »Warum nicht?«

Aber als Jonathan aus dem Wasser war, sah er ganz blau aus vor Kälte. Der ganze Körper schmerzte ihn. Es war, als ob jemand das Blut aus ihm preßte. Und als er steif und zitternd mit verspannten Muskeln den Strand hinaufging, hatte auch er das Gefühl, daß sein Bad verdorben war. Er war zu lange im Wasser geblieben.

3

Beryl war allein im Wohnzimmer, als Stanley, in einem Anzug aus blauem Serge, mit steifem Kragen und getupfter Krawatte, erschien. Er sah beinahe unheimlich sauber und geschniegelt aus. Er wollte für den Tag in die Stadt. Als er sich auf seinen Stuhl fallen ließ, zog er die Uhr heraus und legte sie neben den Teller.

»Ich habe gerade noch fünfundzwanzig Minuten«, sagte er. »Du könntest mal nachsehen, ob der Porridge fertig ist, ja, Beryl?«

»Mutter ist schon gegangen«, erwiderte Beryl. Sie setzte sich an den Tisch und schenkte ihm Tee ein.

»Danke!« Stanley nahm einen Schluck. »He!« sagte er mit erstaunter Stimme, »du hast den Zukker vergessen.«

»Oh, entschuldige!« Aber auch dann gab sie ihm keinen Zucker. Sie schob ihm die Dose zu. Was sollte das heißen? Als Stanley sich bediente, wurden seine blauen Augen ganz groß. Sie schienen zu beben. Er warf einen raschen Blick auf seine Schwägerin und lehnte sich zurück.

»Alles in Ordnung, oder?« fragte er leichthin und machte sich an seinem Kragen zu schaffen.

Beryl hielt den Kopf gesenkt, sie drehte ihren Teller hin und her.

»Völlig«, sagte sie mit ihrer hellen Stimme. Dann sah auch sie auf und lächelte Stanley zu. »Was sollte denn sein?«

»Ach! Nicht, daß ich wüßte! Ich dachte nur, du schienst ziemlich ...«

In diesem Augenblick wurde die Tür geöffnet, und herein kamen drei kleine Mädchen, jedes mit einem Teller voll Porridge. Alle trugen dieselben blauen Strickjacken und Bundhosen. Die braunen Beine waren nackt, und alle hatten das Haar geflochten und zu einem Pferdeschwanz, wie man das nannte, aufgesteckt. Hinter ihnen kam Mrs. Fairfield mit dem Tablett herein.

»Paßt auf, Kinder«, mahnte sie. Doch sie nahmen sich sehr in acht. Sie liebten es, wenn sie etwas tragen durften. »Habt ihr eurem Vater schon guten Morgen gesagt?«

»Ja, Großmama.« Sie setzten sich auf die Bank, Stanley und Beryl gegenüber.

»Guten Morgen, Stanley!« Die alte Mrs. Fairfield reichte ihm seinen Teller.

»Guten Morgen, Mutter! Wie geht's dem Jungen?«

»Großartig! Er ist diese Nacht nur einmal munter gewesen. Was für ein herrlicher Morgen!« Die alte Frau hielt inne, eine Hand auf dem Laib Brot, und schaute durch die offene Tür in den Garten hinaus. Das Meer rauschte. Durch das weit geöffnete Fenster schien die Sonne auf die gelb gestrichenen Wände und den blanken Fußboden. Auf dem Tisch glänzte und glitzerte alles. In der Mitte stand eine alte Salatschüssel voller gelber und roter Kapuzinerkresse. Sie lächelte, und ein Ausdruck tiefer Zufriedenheit trat in ihre Augen.

»Du könntest mir eine Scheibe von dem Brot da abschneiden, Mutter«, sagte Stanley. »In zwölf und einer halben Minute fährt die Kutsche. Hat jemand dem Mädchen meine Schuhe gegeben?«

»Ja, sie sind fertig.« Mrs. Fairfield war ganz ruhig.

»Ach, Kezia! Was bist du für ein Ferkel!« rief Beryl verzweifelt.

»Ich, Tante Beryl?« Kezia sah sie groß an. Was hatte sie denn bloß getan? Sie hatte doch nur einen Fluß mitten durch den Brei gegraben, ihn volllaufen lassen und aß nun die Ufer auf. Aber sie machte das jeden Morgen, und bis jetzt hatte noch keiner etwas gesagt.

»Warum kannst du nicht ordentlich essen wie Isabel und Lottie?« Wie ungerecht die Erwachsenen doch waren!

»Aber Lottie macht doch immer eine schwimmende Insel, nicht wahr, Lottie?«

»Ich nicht«, sagte Isabel altklug. »Ich streue nur Zucker drauf und nehme Milch, und dann esse ich meins auf. Nur Babys spielen mit ihrem Essen.«

Stanley schob den Stuhl zurück und stand auf.

»Würdest du mir die Schuhe holen, Mutter? Und Beryl, wenn du fertig bist, möchte ich, daß du zum Tor läufst und die Kutsche anhältst. Isabel, lauf zu deiner Mutter und frag sie, wo mein Hut geblieben ist. Einen Augenblick noch – habt ihr Kinder mit meinem Stock gespielt?«

»Nein, Vater!«

»Aber ich hab' ihn hierhergestellt«, begann Stanley aufzubrausen. »Ich weiß ganz genau, daß ich ihn in diese Ecke gestellt habe. Also, wer hat ihn gehabt? Die Zeit drängt. Seht euch genau um! Der Stock muß gefunden werden.«

Sogar das Dienstmädchen Alice wurde in die Suche mit einbezogen: »Sie haben ihn nicht zufällig gebraucht, um das Küchenfeuer damit zu schüren?«

Stanley stürzte ins Schlafzimmer, wo Linda lag. »Einfach sagenhaft! Ich kann kein einziges Stück für mich behalten. Jetzt haben sie mir meinen Stock weggenommen.«

»Stock, Liebling? Was für einen Stock?« Lindas Gleichgültigkeit bei solchen Gelegenheiten konnte einfach nicht von dieser Welt sein, dachte Stanley. Hatte denn keiner Mitgefühl für ihn?

»Der Wagen! Stanley, der Wagen«, schrie Beryl vom Tor her.

Stanley winkte Linda zu. »Keine Zeit, auf Wiedersehen zu sagen«, rief er. Und das war als Strafe für sie gedacht.

Er ergriff den Hut, stürzte aus dem Haus und raste den Gartenweg entlang. Ja, die Kutsche wartete dort schon, und Beryl lehnte über der offenen Gartentür und lachte irgend jemandem zu, als ob nichts geschehen wäre. Wie herzlos Frauen doch waren! Wie selbstverständlich sie hinnahmen, daß man für sie rackerte, während sie sich nicht mal die Mühe machten, sich darum zu kümmern, daß der Spazierstock nicht abhanden kam. Kelly ließ die Peitsche über die Pferde gleiten.

»Auf Wiedersehn, Stanley!« rief Beryl nett und fröhlich. Es war nur zu leicht, auf Wiedersehen zu sagen. Und da stand sie nun müßig da und beschattete die Augen mit der Hand. Das schlimmste dabei war ja, daß Stanley, um den Schein zu wahren, ebenfalls auf Wiedersehen rufen mußte. Dann sah er, wie sie sich umdrehte, einen kleinen Hopser machte und zum Haus zurücklief. Sie war froh, ihn los zu sein.

Ja, sie war dankbar dafür. Mit dem Ruf: »Er ist fort!« kam sie ins Wohnzimmer gerannt. Linda hörte man aus ihrem Zimmer rufen: »Beryl! Ist Stanley fort?« Die alte Mrs. Fairfield tauchte auf, sie trug den Jungen in seinem kleinen Flanellrock.

»Fort?«

»Fort!«

Ach, wie erleichtert sie waren, wie anders alles war, wenn der Mann aus dem Hause war! Sogar ihre Stimmen klangen anders, als sie einander zuriefen; sie klangen warm und liebevoll und so, als ob sie ein Geheimnis teilten. Beryl ging zum Tisch. »Trink doch noch eine Tasse Tee, Mutter. Er ist noch heiß.« Irgendwie wollte sie es feiern, daß sie jetzt tun und lassen konnten, was sie wollten. Da war kein Mann, der sie hätte stören können. Der ganze herrliche Tag gehörte ihnen.

»Nein danke, mein Kind«, sagte die alte Mrs.

Fairfield. Doch wie sie gerade da den kleinen Jungen hochwarf und »ei-jei-jeiei-jei-jei« sagte, hieß, daß sie genauso empfand. Die kleinen Mädchen liefen auf den Hof wie Küken, die man aus einem Verschlag freigelassen hatte.

Sogar das Dienstmädchen Alice, das in der Küche das Geschirr abwusch, wurde davon angesteckt und ging völlig sorglos mit dem kostbaren Wasser aus dem Tank um.

»Ach, diese Männer!« Sie tauchte die Teekanne in die Schüssel und hielt sie sogar noch unter Wasser, als keine Bläschen mehr kamen, so, als ob auch sie ein Mann und Ertrinken noch zu gut dafür wäre.

4

»Isabel, so warte doch! Kezia, so warte doch!«

Wieder einmal war die arme kleine Lottie zurückgeblieben, weil es ihr furchtbar schwerfiel, allein über den Zauntritt zu kommen. Als sie auf der ersten Stufe stand, begannen ihr die Knie zu schlottern. Sie klammerte sich an den Pfosten. Dann mußte man ein Bein hinübersetzen. Aber welches? Sie konnte sich nie entschließen. Und als sie schließlich in einer Anwandlung von Verzweiflung ein Bein hinübersetzte, war das ein fürchterliches Gefühl. Halb war sie noch auf der Koppel und halb in dem Büschelgras. Verzweifelt klammerte sie sich an den Pfosten und schrie lauter: »So wartet doch!«

»Nein, Kezia, wart bloß nicht auf sie!« sagte Isabel. »Sie ist ja so ein kleiner Dummerjan. Immer macht sie so ein Theater. Komm!« Und sie zog Kezia an der Strickjacke. »Du kannst meinen Eimer nehmen, wenn du mit mir kommst«, sagte sie freundlich. »Er ist größer als deiner.« Doch Kezia konnte Lottie nicht einfach sich selbst überlassen. Sie lief zu ihr zurück. Lottie war jetzt hochrot im Gesicht und atmete schwer.

»Setz deinen andern Fuß hier rüber«, sagte Kezia.

»Wo?«

Lottie blickte auf Kezia hinab, als stünde sie auf einem hohen Berg.

»Hier, wo meine Hand ist.« Kezia strich über die Stelle.

»Ach, *dort* meinst du?« Lottie seufzte schwer und setzte den zweiten Fuß hinüber.

»Jetzt drehst du dich so gut wie rum, setzt dich hin und rutschst«, sagte Kezia.

»Aber da ist doch gar nichts, wo man sich draufsetzen kann, Kezia«, jammerte Lottie.

Schließlich hatte sie es geschafft. Und als es erst einmal überstanden war, schüttelte sie sich und begann zu strahlen.

»Ich komme schon besser über Zauntritte, nicht wahr, Kezia?«

Lottie war eine sehr optimistische Natur.

Ein blauer und ein rosaroter Sonnenhut folgten Isabels leuchtendrotem den schlüpfrigen, glatten Hügel hinauf. Oben angekommen, machten sie erst einmal halt, um zu entscheiden, wohin sie gehen sollten, und um sich genau zu orientieren, wer bereits da war. Wenn man sie von hinten sah, wie sie sich gegen den Horizont abhoben und schwungvoll mit ihren Spaten gestikulierten, sahen sie aus wie kleine Entdecker, die Kriegsrat hielten.

Samuel Josephs gesamte Familie war bereits mit ihrer Haustocher da, die auf einem Klapphocker saß, mit einer Pfeife, die sie um den Hals trug, und einem kurzen Stock, mit dem sie herumdirigierte, für Ordnung sorgte. Die Samuel Josephs spielten nie für sich oder brachten ein eigenes Spiel zustande. Wenn, dann endete es damit, daß die Jungen den Mädchen Wasser in den Nacken gossen oder die Mädchen versuchten, den Jungen kleine schwarze Krabben in die Taschen zu stecken. So machten Mrs. S. J. und die arme Haustochter jeden Morgen etwas, das sie ein ›Brogramm‹ nannten, damit sie ihren Spaß hätten und keinen ›Unfuch anstellten‹. Es waren immer Wettspiele oder Wettrennen oder Gesellschaftsspiele. Das Ganze begann mit einem durchdringenden Pfiff aus der Pfeife der Haustochter und endete auch so. Es gab sogar Preise – große, in ziemlich schmutziges Papier eingewickelte Päckchen, die die Haustochter mit einem leicht sauren Lächeln aus einer ausgebeulten Stofftasche zog. Die Samuel Josephs kämpften ungeheuerlich um die Preise, sie schummelten dabei und kniffen sich in die Arme; sie waren alle ganz groß im Kneifen. Das einzige Mal, als die Burnell-Kinder mit ihnen gespielt hatten, hatte Kezia einen Preis gewonnen, und nachdem sie drei Papierhüllen aufgemacht hatte, fand sie einen sehr kleinen rostigen Stiefelknöpfer. Sie konnte absolut nicht verstehen, warum sie soviel Aufhebens machten …

Aber jetzt spielten sie nie mehr mit den Samuel Josephs, noch gingen sie zu ihren Parties. Die Samuel Josephs veranstalteten ständig Kinderfeste an der Bucht, bei denen es immer dasselbe zu essen gab. Eine große Waschschüssel voll sehr bräunlichem Fruchtsalat, in Viertel geschnittene Rosinenbrötchen und einen Waschkrug voll ›Limmonadää‹, wie das die Haustochter nannte. Und wenn man dann abends nach Hause ging, war einem die halbe Rüsche vom Kleid abgerissen oder vorn die ganze Hohlsaumschürze bekleckst, und die Samuel Josephs sprangen wie die Wilden auf der Wiese herum. Nein, sie waren zu abscheulich!

Auf der anderen Seite vom Strand, dicht am Wasser, flitzten zwei kleine Jungs, die Hosen hochgekrempelt, wie Spinnen hin und her. Der eine grub, der andere trippelte immer ins Wasser, um einen kleinen Eimer zu füllen. Das waren die Trout-Jungen Pip und Rags. Aber Pip grub so emsig, und Rags half dabei ebenso emsig, daß sie ihre kleinen Cousinen erst sahen, als sie ganz dicht heran waren.

»Seht mal!« sagte Pip. »Seht mal, was ich entdeckt habe!« Und er zeigte ihnen einen alten, nassen, zusammengequetscht aussehenden Stiefel. Die drei kleinen Mädchen blickten gebannt.

»Was willst du bloß damit anfangen?« fragte Kezia.

»Behalten, natürlich!« Pip war voller Verachtung. »Das ist ein Fund, verstehst du?«

Ja, Kezia, verstand das. Trotzdem ...

»Da sind jede Menge Sachen im Sand vergraben«, erklärte Pip. »Sie kommen von Wracks. Schätze. Also – was man da finden könnte ...«

»Aber warum muß Rags immer Wasser reingießen?« fragte Lottie.

»Ach, um es naß zu machen«, sagte Pip, »damit die Arbeit ein bißchen leichter wird. Mach weiter, Rags!«

Und der gute kleine Rags lief hin und her und schüttete Wasser, das sich braun färbte wie Kakao, in das Loch.

»Soll ich euch zeigen, was ich gestern gefunden habe?« fragte Pip geheimnisvoll, und er steckte den Spaten in den Sand. »Aber ihr müßt versprechen, niemandem etwas zu sagen.«

Sie versprachen es.

»Sagt, Hand aufs Herz und nicht gelogen!«

Die kleinen Mädchen sagten es.

Pip nahm etwas aus seiner Hosentasche, rieb es lange an seinem Pullover, dann hauchte er drauf und rieb wieder.

»Umdrehen!« befahl er.

Sie drehten sich um.

»Guckt alle in die gleiche Richtung! Seid ruhig! Jetzt!«

Und er öffnete seine Hand. Er hielt etwas ins Licht, das aufflammte, das blinkte, das herrlich grün aussah.

»Ein Smaragd«, sagte Pip feierlich.

»Wirklich, Pip?« Sogar Isabel war beeindruckt.

Das herrliche grüne Ding schien in Pips Fingern zu tanzen. Tante Beryl hatte einen Smaragd in einem Ring, aber nur einen kleinen. Dieser hier war so groß wie ein Stern und viel schöner.

5

Später am Morgen kamen ganze Gruppen über die Dünen an den Strand, um zu baden. Es war eine stillschweigende Abmachung, daß um elf die See den Frauen und Kindern der Sommerkolonie gehörte. Zuerst zogen sich die Frauen aus, streiften die Badegewänder über und setzten scheußliche, Schwammbeuteln ähnliche Mützen auf. Dann wurden die Kinder ausgeschält. Der Strand war übersät mit kleinen Haufen von Kleidungsstücken und Schuhen. Die großen Sonnenhüte, mit Steinen beschwert, damit sie nicht fortgeweht würden, sahen wie riesige Muscheln aus. Komisch, sogar das Meer schien anders zu rauschen, wenn all die hüpfenden, lachenden Gestalten in die Wellen liefen. Die alte Mrs. Fairfield, in einem lila Baumwollkleid und schwarzem, unterm Kinn gebundenem Hut, versammelte ihre kleine Schar um sich und machte sie fertig. Die kleinen Trout-Jungen streiften sich hurtig das Hemd über den Kopf, und fort rannten die fünf, während die Großmama dasaß, eine Hand in ihrem Strickzeug, bereit, den Wollknäuel herauszuziehen, wenn sie beruhigt sein konnte, daß sie glücklich im Wasser waren.

Die stabilen, strammen kleinen Mädchen waren nicht halb so mutig wie die zarten, schwächlich aussehenden kleinen Jungen. Für Pip und Rags, die zitterten, sich zusammenkauerten, mit der flachen Hand aufs Wasser schlugen, gab es kein Zögern. Doch Isabel, die zwölf, und Kezia, die beinahe acht Züge schwimmen konnte, folgten nur unter der strikten Voraussetzung, daß sie nicht vollgespritzt würden. Und was Lottie anging, sie ging überhaupt nicht hinein. Sie mochte es, wenn man sie ihre eigenen Wege gehen ließ, bitte schön. Und die eigenen Wege bestanden darin, daß sie sich mit ausgestreckten Beinen und zusammengepreßten Knien an den Rand des Wassers setzte und bestimmte Armbewegungen machte, als ob sie erwartete, auf die See geweht zu werden. Aber wenn einmal eine Welle, die größer war als gewöhnlich, eine alte bärtige, schwerfällig in ihre Richtung gerollt kam, krabbelte sie mit entsetzter Miene mühsam auf die Beine und rannte den Strand wieder hinauf.

»Hier, Mutter, bewahre das bitte für mich auf, ja?«

Zwei Ringe und eine dünne Goldkette fielen in Mrs. Fairfields Schoß.

»Ja, meine Liebe. Aber willst du denn nicht hier baden?«

»Nei-ein«, sagte Beryl gedehnt und ganz unbestimmt. »Ich ziehe mich weiter hinten aus. Ich gehe mit Mrs. Harry Kember baden.«

»Schön.« Doch Mrs. Fairfields Lippen wurden ganz schmal. Sie hielt nichts von Mrs. Harry Kember. Beryl wußte das.

Arme alte Mutter, lächelte sie, als sie über die Steine dahineilte. Arme alte Mutter! Alt! Ach, was für eine Freude, was für eine Wonne war es doch, jung zu sein ...

»Sie sehn ja so vergnügt aus«, sagte Mrs. Kember. Sie saß zusammengekauert auf den Steinen, die Arme um die Knie geschlungen, und rauchte.

»Es ist so ein herrlicher Tag!« Beryl lächelte auf sie herab.

»Ach, meine *Liebe*!« Mrs. Kembers Stimme klang, als ob sie es besser wüßte. Aber schließlich klang ihre Stimme immer so, als ob sie mehr über einen wüßte als man selbst. Sie war eine große, ungewöhnlich aussehende Frau mit schmalen Händen und Füßen. Auch ihr Gesicht war lang und schmal und sah verbraucht aus. Sogar die blonde lockige Ponyfrisur wirkte ausgebrannt und verdorrt. Sie war die einzige Frau an der Bucht, die rauchte, und sie rauchte unablässig. Auch beim Sprechen hatte sie eine Zigarette im Mund, und sie nahm sie nur heraus, wenn die Asche so lang war, daß man sich wunderte, daß sie nicht herunterfiel. Wenn sie nicht Bridge spielte – sie spielte jeden Tag ihres Lebens Bridge –, verbrachte sie die Zeit damit, daß sie in der grellen Sonne lag. Sie konnte enorm viel davon vertragen, sie hatte nie genug. Trotzdem schien sie nicht warm zu werden. Ausgedörrt, vertrocknet, kalt, so lag sie lang ausgestreckt auf den Steinen wie ein Stück hingeworfenes Treibholz. Die Frauen der Bucht hielten sie für sehr, sehr emanzipiert. Ihr Mangel an Eitelkeit, ihre lässige Sprache, die Art, wie sie die Männer behandelte, als wäre sie ihresgleichen, und der Umstand, daß sie sich keinen Deut um den Haushalt kümmerte und daß sie ihr Dienstmädchen Margaret ›Männergret‹ nannte, waren eine Schande. Von den Verandastufen rief Mrs. Kember mit ihrer gleichgültigen, müden Stimme etwa: »Hören Sie, Männergret, Sie könnten mir ein Taschentuch herschmeißen, wenn ich noch eins habe, ja?« Und Männergret, eine rote Schleife im Haar anstelle eines Häubchens und in weißen Schuhen, kam mit einem dreisten Lächeln angerannt. Es war einfach ein Skandal! Zwar hatte sie keine Kinder, und ihr Mann ... Hier erreichten die Stimmen immer höchste Töne, wurden sie geradezu feurig. Wie kann er sie nur geheiratet haben? Wie kann er nur, wie kann er nur? Da muß natürlich Geld dahinterstecken, aber auch dann!

Mrs. Kembers Mann war mindestens zehn Jahre jünger als sie und sah so unwahrscheinlich gut aus, daß er eher einer Maske oder einem absolut vollkommenen Bild in einem amerikanischen Roman glich als einem Mann. Schwarzes Haar, dunkelblaue Augen, rote Lippen, ein bedächtiges verträumtes Lächeln, ein ausgezeichneter Tennisspieler, ein tadelloser Tänzer, und alles in allem ein Rätsel. Harry Kember war wie ein Schlafwandler. Männer konnten ihn nicht ausstehen, sie konnten kein Wort aus dem Kerl herauskriegen. Seine Frau beachtete er ebensowenig wie sie ihn. Wie lebte er eigentlich? Natürlich gab es da Geschichten, und was für welche! Man konnte sie einfach nicht erzählen. Die Frauen, mit denen er gesehen worden war, die Orte, an denen er gesehen worden war … aber nichts war je gewiß, nichts bestimmt. Einige Frauen an der Bucht glaubten so ganz insgeheim, daß er eines Tages einen Mord begehen würde. Ja, sogar während sie mit Mrs. Kember sprachen und registrierten, daß sie sich wieder einmal gräßlich hergerichtet hatte, sahen sie sie, wie sie hingestreckt am Strand lag – doch kalt, blutüberströmt, die Zigarette noch im Mundwinkel.

Mrs. Kember stand auf, gähnte, löste die Gürtelschnalle und zog an dem Band ihrer Bluse. Und Beryl stieg aus ihrem Rock, streifte die Jacke ab und stand da in ihrem kurzen weißen Unterrock und der Untertaille mit Schleifen aus schmalen Bändern auf den Schultern.

»Barmherziger Himmel!« rief Mrs. Kember, »wie schön Sie sind!«

»Nicht doch!« protestierte Beryl leise. Aber als sie erst den einen und dann den anderen Strumpf auszog, kam sie sich wahrhaftig schön vor.

»Aber meine Liebe, warum denn nicht?« sagte Mrs. Kember, wobei sie auf ihren Unterrock trat. Wirklich – ihre Unterwäsche! Ein Paar blauer Baumwollschlüpfer und ein leinenes Leibchen, das einen irgendwie an einen Kopfkissenbezug erinnerte ... »Und Sie tragen wirklich kein Korsett?« Sie berührte Beryls Taille, und Beryl sprang mit einem kleinen gezierten Schrei zur Seite. »Nie!« antwortete sie dann ruhig.

»Glückliches kleines Ding«, seufzte Mrs. Kember, als sie ihres aufschnürte.

Beryl wandte ihr den Rücken zu und begann die komplizierten Bewegungen einer Frau, die versucht, sich auszuziehen und gleichzeitig den Badeanzug anzuziehen.

»Ach, lassen Sie sich durch mich nicht stören«, sagte Mrs. Kember. »Warum sollten Sie sich denn schämen? Ich tue Ihnen doch nichts. Ich bin auch nicht entsetzt wie diese anderen dummen Dinger.« Und sie lachte ihr seltsames wieherndes Lachen und deutete mit einer verächtlichen Grimasse zu den anderen Frauen hin.

Aber Beryl war schamhaft. Sie zog sich nie vor jemandem aus. War das albern? Mrs. Kember erweckte in ihr das Gefühl, daß das albern sei, sogar etwas, dessen man sich schämen sollte. Ja, warum sollte man sich denn schämen? Schnell sah sie zu ihrer Freundin hinüber, die so kühn in ihrem zerrissenen Hemd dastand und sich eine frische Zigarette ansteckte; und ein rasches, verwegenes, böses Gefühl entstand in ihrer Brust. Unbekümmert lachend zog sie den schlappen, noch feuchten Badeanzug an, der sich sandig anfühlte, und machte die verschränkten Knöpfe zu.

»So ist's besser«, meinte Mrs. Kember. Sie gingen zusammen den Strand hinab. »Es ist wirklich eine Sünde, daß Sie Kleider tragen. Das wird Ihnen ganz bestimmt mal jemand sagen.«

Das Wasser war ganz warm. Es war von einem wunderbaren durchsichtigen Blau mit silbrigen Flecken. Aber der Sand auf dem Grunde sah wie Gold aus. Wenn man mit den Zehen ein bißchen dareinstieß, wirbelte eine kleine Goldstaubwolke auf. Jetzt gingen die Wellen Beryl gerade bis an die Brust. Sie stand mit weit ausgestreckten Armen da und sah aufs Meer hinaus, und jedesmal, wenn eine Welle kam, sprang sie ein klein wenig hoch, so daß es schien, als würde sie von der Welle ganz zart hochgehoben.

»Ich finde, hübsche Mädchen sollten sich amüsieren«, sagte Mrs. Kember. »Warum auch nicht? Machen Sie bloß keinen Fehler, meine Liebe. Genießen Sie das Leben!« Und plötzlich machte sie einen Überschlag, verschwand und schwamm ganz rasch davon, wie eine Ratte. Dann schnellte sie herum und begann zurückzuschwimmen. Sie würde noch mehr sagen. Beryl hatte das Gefühl, daß sie von dieser kalten Frau verdorben würde, aber sie brannte darauf, es zu hören. Doch wie seltsam! Wie entsetzlich! Als Mrs. Kember nahe herankam, sah sie in ihrer schwarzen wasserdichten Badekappe, das verträumte Gesicht erhoben, so daß nur das Kinn das Wasser berührte, wie eine schreckliche Karikatur ihres Mannes aus.

6

Im Liegestuhl unter einem Manukabaum, der mitten auf der Wiese vorm Haus wuchs, verträumte Linda Burnell den Vormittag. Sie tat nichts. Sie blickte hinauf in die dunklen, dichten, trockenen Blätter des Manukabaumes, in die blauen Ritzen dazwischen, und ab und zu fiel eine winzige gelbliche Blüte auf sie herab. Sehr hübsch – ja, wenn man so eine Blüte auf der Handfläche hielt und sie genau ansah, war das ein äußerst feines kleines Ding. Jedes einzelne blaßgelbe Blütenblatt schimmerte, als wäre es von liebevoller Hand sorgsam gefertigt. Der winzige Klöppel in der Mitte gab ihr das Aussehen einer Glocke. Und wenn man sie herumdrehte, war die Außenseite von einem tiefen Bronzeton. Aber sobald sie aufblühten, fielen sie herab und wurden verstreut. Man strich sie vom Kleid, während man sprach; die schrecklichen kleinen Dinger verfingen sich im Haar. Warum blühten sie dann überhaupt? Wer machte sich die Mühe – oder die Freude –, all diese Dinge zu schaffen, die verschwendet werden, ja verschwendet ... Es war unheimlich.

Neben ihr im Gras lag zwischen zwei Kissen der Junge. Er lag da in tiefem Schlaf, den Kopf von seiner Mutter abgekehrt. Sein feines dunkles Haar glich eher einem Schatten als richtigem Haar, doch sein Ohr leuchtete in tiefem Korallenrot. Linda verschränkte die Hände über dem Kopf und legte die Füße übereinander. Zu wissen, daß all diese Bungalows leer standen, daß alle Leute unten am Strand waren, daß keiner zu sehen noch zu hören war, war sehr angenehm. Sie hatte den Garten ganz für sich. Sie war allein.

Blendend weiß leuchteten die Nelken. Die goldenen Ringelblumen glänzten. In grünen und goldenen Flammen wand sich die Kapuzinerkresse um die Verandasäulen. Wenn man nur Zeit hätte, diese Blumen lange genug anzuschauen, Zeit, um das Gefühl der Neuheit und Fremdheit zu überwinden, Zeit, sie kennenzulernen! Doch sobald man innehielt, um die Blütenblätter auseinanderzudrücken, die Unterseite des Blattes zu erkunden, kam das Leben selbst daher, und man wurde weggerissen. Und wie sie in ihrem Rohrstuhl lag, fühlte sich Linda so leicht; sie kam sich vor wie ein Blatt. Daher kam das Leben gestürmt und ergriff und schüttelte sie. Sie mußte gehen. Ach je, würde das immer so sein? Gab es kein Entrinnen?

... Jetzt saß sie auf der Veranda ihres tasmanischen Hauses und lehnte an ihres Vaters Knie. Und er versprach: »Sobald du und ich alt genug sind, Linny, hauen wir ab, irgendwohin, reißen wir aus. Zwei Jungen gemeinsam. Ich hab' so eine Idee, daß ich gern einen Fluß in China langsegeln würde.« Linda sah diesen Fluß vor sich, sehr breit, voll lauter kleiner Flöße und Boote. Sie sah die gelben Hüte der Bootsleute und hörte ihre hohen, dünnen Stimmen, als sie einander zuriefen ...

»Ja, Papa.«

Aber eben da ging ein sehr breiter junger Mann mit leuchtend rötlichbraunem Haar langsam am Haus vorbei, und langsam, direkt feierlich, zog er den Hut. Lindas Vater zupfte sie neckend, wie es seine Art war, am Ohr.

»Linnys Verehrer«, flüsterte er.

»Ach, Papa, stell dir bloß vor, mit Stanley Burnell verheiratet zu sein!«

Nun, sie heiratete ihn. Und damit nicht genug, sie liebte ihn. Nicht den Stanley, wie ihn jedermann sah, nicht den alltäglichen Stanley; sondern einen scheuen, empfindsamen, unschuldigen Stanley, der jeden Abend zum Gebet niederkniete und der sich danach sehnte, gut zu sein. Stanley war ein einfaches Gemüt. Wenn er an jemanden glaubte, wie er beispielsweise an sie glaubte, dann tat er das mit ganzem Herzen. Er konnte nicht falsch sein, er konnte nicht lügen. Und wie furchtbar litt er darunter, wenn er glaubte, daß jemand – sie – nicht absolut ehrlich, absolut aufrichtig ihm gegenüber war! »Das ist mir zu schwierig!« Er stieß die Worte förmlich hervor, aber sein offener, bebender, verwirrter Blick war wie der Blick eines gefangenen Tieres.

Doch das Schlimme war, und hier mußte Linda beinahe lachen, obgleich es – weiß der Himmel – dabei nichts zu lachen gab, *ihren* Stanley sah sie so selten. Da gab es flüchtige Eindrücke, Augenblicke, Atempausen der Stille, doch die übrige Zeit war es, als lebte sie in einem Haus, das immer und immer wieder Feuer fing, oder auf einem Schiff, das täglich zerschellte. Und immer war es Stanley, dem die größte Gefahr drohte. Die ganze Zeit mußte sie darauf verwenden, ihn zu retten, ihn wiederherzustellen, ihn zu beruhigen und ihm zuzuhören. Und was dann noch von ihrer Zeit übrigblieb, gehörte der Furcht, Kinder zu bekommen.

Linda runzelte die Stirn. Rasch setzte sie sich in ihrem Liegestuhl auf und umklammerte die Knöchel. Ja, das war ihr eigentlicher Groll gegen das Leben, das war es, was sie nicht verstehen konnte. Das war die Frage, die sie immer und immer wieder stellte, um vergeblich auf die Antwort zu lauschen. Es war alles ganz gut und schön zu sagen, es sei nun einmal das Los der Frauen, Kinder zu gebären. Aber das stimmte nicht. Sie jedenfalls könnte beweisen, daß dem nicht so war. Sie war gebrochen, schwach, mutlos geworden durch das Kinderkriegen. Und doppelt schwer war es zu ertragen, weil sie ihre Kinder nicht liebte. Es hatte keinen Zweck, so zu tun. Auch wenn sie die Kraft gehabt hätte, hätte sie nie gestillt und nie mit den kleinen Mädchen gespielt. Nein, es war, als hätte auf jeder dieser schrecklichen Reisen ein kalter Hauch sie durch und durch erstarren lassen. Sie hatte keine Wärme mehr für sie übrig. Und der Junge, nun, Gott sei Dank hatte ihn die Mutter genommen. Er gehörte der Mutter oder Beryl oder jedem, der ihn wollte. Sie hatte ihn kaum in ihren Armen gehalten. Er war ihr so gleichgültig, daß, als er so dalag ... Linda warf einen Blick auf ihn herab.

Der Junge hatte sich umgedreht. Er lag da, das Gesicht ihr zugewandt, und schlief nicht mehr. Die dunkelblauen Babyaugen waren weit geöffnet. Er sah aus, als guckte er verstohlen seine Mutter an. Und plötzlich erschienen Grübchen in seinem Gesicht; es verzog sich zu einem breiten, zahnlosen Lächeln, zu einem vollkommenen Strahlen, nichts weniger.

›Ich bin da!‹ schien das glückliche Lächeln zu sagen. ›Warum magst du mich nicht?‹

Dieses Lächeln hatte etwas so Drolliges und Unerwartetes an sich, daß Linda selbst lächelte. Doch sie besann sich eines anderen und sagte kalt zu dem Jungen: »Ich mag keine Babys.«

›Magst keine Babys?‹ Der Junge konnte ihr einfach nicht glauben. ›Magst *mich* nicht?‹ Täppisch winkte er seiner Mutter mit den Armen zu.

Linda ließ sich von dem Stuhl ins Gras fallen.

»Warum lächelst du immerzu?« fragte sie streng. »Wenn du wüßtest, woran ich gedacht habe, würdest du nicht mehr lächeln.«

Doch er kniff nur schelmisch die Augen zusammen und wälzte den Kopf auf dem Kissen. Er glaubte nicht ein Wort, das sie sagte!

»Das kennen wir schon«, lächelte der Junge.

Linda war so erstaunt über die Zuversicht dieses kleinen Geschöpfes... Ach nein, sei ehrlich. Das war's nicht, was sie empfand; es war etwas ganz anderes, etwas ganz Neues, so...

In ihren Augen tanzten Tränen. Flüsternd hauchte sie dem Jungen zu: »Hallo, mein drolliges Kerlchen!«

Aber jetzt hatte der Junge seine Mutter vergessen. Er war wieder ganz ernst. Da vor ihm wehte etwas Blaßrotes, etwas Weiches. Er grapschte danach, und sofort war es weg. Doch wenn er sich zurücklegte, erschien wieder so etwas. Diesmal war er entschlossen, es zu fangen. Er strengte sich gewaltig an und kugelte ganz herum.

7

Die Flut war vorüber, verlassen der Strand, träge gluckste das warme Meer. Die Sonne brannte hernieder, brannte glühendheiß auf den feinen Sand hernieder und schmorte die grau- und blau- und schwarz- und weißgeäderten Kiesel. Sie sog den kleinen Wassertropfen aus der Höhlung der gewölbten Muscheln auf. Sie bleichte die blaßroten Winden, die überall die Sanddünen durchwoben. Nichts schien sich zu regen außer den kleinen Sandhüpfern. Tip-tip-tip! Sie waren niemals still.

Da drüben auf den tangüberwucherten Steinen, die bei Ebbe wie struppiges Vieh aussahen, das zur Tränke gekommen ist, schien das Sonnenlicht feine Fäden zu spinnen, als hätte man eine Silbermünze in jeden der kleinen Gesteinstümpel fallen lassen. Sie tanzten, sie zitterten, und winzige Kabbelwellen spülten an die durchlässigen Gestade. Wenn man sich darüberbeugte und hineinsah, war jede Lache wie ein See, an dessen Ufer sich blaßrote und blaue Häuser drängten. Und ach, das weite bergige Land hinter jenen Häusern – die Schluchten, Pässe, die gefährlichen, gewundenen Pfade und angsteinflößenden Wege, die an den Rand des Wassers führten! Unten wogte der Meereswald – blaßrote fadenförmige Bäume, samtige Anemonen und mit orangefarbenen Beeren gesprenkelter Tang. Jetzt bewegte sich auf dem Grunde ein Stein, wackelte, und für den Bruchteil einer Sekunde war ein schwarzer Fühler zu sehen. Jetzt flimmerte ein fadenförmiges Wesen vorbei und verlor sich wieder. Mit den blaßroten, wogenden Bäumen geschah etwas; sie nahmen die kalte Farbe blauen Mondlichts an. Und jetzt machte es ganz leise »plumps!«. Wer war das? Was ging hier unten vor? Und wie stark, wie dumpfig der Tang in der heißen Sonne roch ...

In den Bungalows der Sommerkolonie waren die grünen Jalousien heruntergelassen. Über die Verandabrüstung, flach auf den Koppeln ausgebreitet, über die Zäune geworfen, überall waren erschöpft aussehende Badeanzüge und buntgestreifte Frottiertücher. In allen Fenstern, die nach hinten hinausgingen, schienen ein Paar Strandschuhe und Steine oder ein Eimer oder eine Sammlung von Pawamuscheln zu liegen. Der Busch flimmerte im Hitzedunst. Die sandige Landstraße war leer, nur Trouts Hund Snooker hatte sich mitten auf der Straße hingelegt. Das blaue Auge nach oben verdreht, die Beine steif von sich gestreckt, hechelte er und gab von Zeit zu Zeit verzweifelte Schnauftöne von sich, als ob er sagen wollte, er habe beschlossen, mit allem Schluß zu machen, und warte nur noch darauf, daß ein freundliches Gefährt daherkäme.

»Was guckst du denn so, Großmama? Warum sitzt du da und starrst immer so die Wand an?«

Kezia und ihre Großmutter hielten zusammen Mittagsruhe. Nur mit kurzen Schlüpfern und Unterleibchen bekleidet, mit bloßen Armen und Beinen, lag das kleine Mädchen auf einem der dicken Kissen in Großmamas Bett, und die alte Frau saß in einem weißen gerüschten Morgenrock in einem Schaukelstuhl am Fenster. In ihrem Schoß lag ein langes Stück blaßroter Strickarbeit. Wie die anderen Räume des Bungalows war dieses ihr gemeinsames Zimmer mit hellackiertem Holz verkleidet, und der Fußboden war blank. Die Einrichtung war von der einfachsten und schäbigsten Sorte. Der Toilettentisch bestand zum Beispiel aus einer Packkiste, auf die ein geblümter Musselinunterrock gezweckt war. Der Spiegel darüber war sehr eigenartig, so, als ob darin ein zickzackförmiger Blitz eingefangen wäre. Auf dem Tisch stand ein Krug mit Strandnelken, die so dicht zusammengepreßt waren, daß sie eher wie ein Nadelkissen aus Samt aussahen, und eine besondere Muschel, die Kezia der Großmama für die Nadeln gegeben hatte, und noch eine viel ungewöhnlichere, in der sich ihrer Meinung nach eine Uhr hübsch ausnahm.

»So sag mir's doch, Großmama«, sagte Kezia.

Die alte Frau seufzte, wickelte die Wolle zweimal um den Daumen und zog die Hornnadel durch. Sie war beim Maschenaufnehmen.

»Ich hab' an deinen Onkel William gedacht, Liebling«, antwortete sie ruhig.

»Meinen australischen Onkel William?« fragte Kezia. Sie hatte noch einen anderen.

»Ja, natürlich.«

»Den ich nie gesehen habe?«

»Genau den.«

»Was ist mit ihm passiert?« Kezia wußte es ganz genau, doch sie wollte es noch einmal hören.

»Er ging in die Grube, und dort kriegte er einen Hitzschlag und starb«, sagte die alte Mrs. Fairfield.

Kezia blinzelte und überdachte das Bild noch einmal ... Ein kleiner Mann fällt um wie ein Zinnsoldat am Rande eines großen schwarzen Lochs.

»Macht es dich traurig, wenn du an ihn denkst, Großmama?« Sie mochte es ganz und gar nicht, wenn ihre Großmama traurig war.

Jetzt war die alte Frau dran mit Nachdenken. Machte es sie traurig? Immer zurückzuschauen. Die Jahre entlangzublicken, wie Kezia es sie hatte tun sehen. *Ihnen* nachzublicken, wie es eine Frau tut, lange, nachdem *sie* aus den Augen verschwunden sind. Machte es sie traurig? Nein, so war das Leben eben.

»Nein, Kezia.«

»Aber warum?« fragte Kezia. Sie hob einen nackten Arm hoch und begann, etwas in die Luft zu zeichnen. »Warum mußte Onkel William eigentlich sterben? Er war doch noch nicht alt.«

Mrs. Fairfield begann, die Maschen zu dreien abzuzählen. »Das passierte einfach so«, sagte sie gedankenverloren.

»Muß jeder sterben?« fragte Kezia.

»Jeder!«

»Ich auch?« Kezia klang ängstlich ungläubig.

»Eines Tages, mein Liebling.«

»Aber, Großmama«, Kezia bewegte das linke Bein und wackelte mit den Zehen. Sie waren voller Sand. »Was ist, wenn ich nun einfach nicht will?«

Wieder seufzte die alte Frau und zog einen langen Faden vom Knäuel ab.

»Wir werden nicht gefragt, Kezia«, sagte sie traurig. »Früher oder später kommen wir alle dran.«

Kezia lag still da und dachte darüber nach. Sie wollte nicht sterben. Das hieße ja, sie müßte von hier fortgehen, von allem fortgehen, für immer, von – von ihrer Großmama fortgehen. Sie drehte sich rasch um.

»Großmama«, sagte sie ganz bestürzt.

»Was ist, mein Kleines?«

»*Du* sollst nicht sterben«, Kezia war fest entschlossen.

»Ach, Kezia«, die Großmama sah auf, lächelte und schüttelte den Kopf, »reden wir nicht davon.«

»Aber du sollst nicht. Du könntest mich doch nicht verlassen. Du könntest doch nicht *nicht* dasein!« Das war schrecklich. »Versprich mir, daß du das nie tun wirst, Großmama«, bat Kezia flehentlich.

Die alte Frau strickte weiter.

»Versprich mir das! Sag nie!«

Doch noch immer war die Großmutter still.

Kezia wälzte sich vom Bett herab. Sie konnte das nicht länger ertragen, und flink sprang sie der Großmama auf die Knie, schlang der alten Frau die Hände um den Hals und begann sie zu küssen, unter das Kinn, hinter das Ohr, und ihr in den Nacken zu pusten.

»Sag nie ... sag nie ... sag nie«, keuchte sie zwischen den Küssen. Und dann fing sie an, die Großmama ganz leicht und zart zu kitzeln.

»Kezia!« Die alte Frau ließ ihr Strickzeug sinken. Sie ließ sich nach hinten in den Schaukelstuhl fallen. Sie begann Kezia zu kitzeln. »Sag nie, sag nie, sag nie«, gluckste Kezia, während sie sich beide lachend in den Armen lagen. »So, genug, mein Eichhörnchen! Genug, mein wildes Pony!« sagte die alte Mrs. Fairfield und rückte ihr Häubchen gerade. »Heb mein Strickzeug auf!«

Beide hatten sie vergessen, worum es bei dem ›Nie‹ ging.

8

Die Sonne stand noch hoch über dem Garten, als sich bei den Burnells die Hintertür mit einem Knall schloß und eine auffällig herausgeputzte Gestalt den Weg zum Tor entlangging. Es war das Dienstmädchen, das sich für ihren freien Nachmittag herausgeputzt hatte. Alice trug ein weißes Baumwollkleid mit so großen roten Tupfen und so vielen, daß es einen schauderte, weiße Schuhe und einen Strohhut mit Mohnblumen auf der nach oben gebogenen Krempe. Selbstverständlich trug sie Handschuhe, weiße Handschuhe mit Rostflekken am Verschluß, und in einer Hand hielt sie einen sehr flott aussehenden Sonnenschirm, den sie ihren ›Parisoll‹ nannte.

Beryl, die im Fenster saß und ihr frisch gewaschenes Haar trockenwedelte, glaubte, noch nie eine solche Vogelscheuche gesehen zu haben. Wenn sich Alice vor dem Weggehen noch das Gesicht mit einem Stück Kork geschwärzt hätte, wäre das Bild komplett gewesen. Und wohin ging denn nun so ein Mädchen an so einem Ort? Der herzförmige Fächer, der von den Fidschiinseln stammte, schlug spöttisch auf die herrliche glänzende Mähne ein. Sicher hatte Alice irgend so einen schrecklichen gemeinen Straßenlümmel aufgelesen, und sie gingen nun zusammen in den Busch. Eigentlich schade, sich so auffällig herzurichten, es dürfte nicht einfach sein, sich bei dieser Aufmachung mit Alice zu verstecken.

Doch nein, Beryl war unfair. Alice ging zum Tee zu Mrs. Stubbs, die ihr durch den kleinen Jungen, der die Bestellungen abholte, eine ›Einladung‹ geschickt hatte. Sie hatte ja so eine Zuneigung zu Mrs. Stubbs gefaßt, gleich beim ersten Mal, als sie in den Laden gegangen war, um sich etwas gegen Moskitostiche zu holen.

»Du liebes bißchen!« Mrs. Stubbs hatte sich mit der Hand in die Seite geschlagen. »Ich hab' noch nie wen so zerstochen gesehn. Als wärnse Kanningbaln in die Hände gefalln.«

Alice hätte es ja sehr gern gesehen, wenn auf der Straße wenigstens ein bißchen was los gewesen wäre. Ihr wurde richtig schwummrig, daß da gar keiner hinter ihr war. Ihr wurde richtig schwach im Rücken. Sie konnte es einfach nicht glauben, daß niemand sie beobachten sollte. Und doch war es so albern, sich umzudrehen. Das verriet einen. Sie zog die Handschuhe hoch, summte vor sich hin und sagte zu dem Eukalyptusbaum in der Ferne: »Nun ist's nicht mehr weit.« Doch den konnte man kaum als Gesellschaft rechnen.

Der Laden von Mrs. Stubbs lag auf einer kleinen Anhöhe direkt an der Straße. Seine beiden großen Fenster wirkten wie zwei Augen, die breite Veranda wie ein Hut, und auf dem Dach das Schild mit MRS. STUBBS erinnerte an eine Visitenkarte, die keck oben an den Hut gesteckt war.

Auf der Veranda hing eine lange Reihe Badeanzüge, die zusammenklebten, als wären sie gerade aus dem Meer gerettet worden, und nicht als warteten sie darauf hineinzugehen, und daneben hing ein Bündel Strandschuhe so völlig durcheinander, daß man mindestens fünfzig Paar abmachen und auseinanderreißen müßte, um an eines ranzukommen. Auch dann noch passierte es sicher so gut wie nie, daß man den linken fand, der zu dem rechten gehörte. So viele Leute hatten schon die Geduld verloren und waren mit einem Schuh, der paßte, und einem, der ein bißchen zu groß war, weggegangen... Mrs. Stubbs tat sich etwas darauf zugute, von allem etwas zu führen. Die beiden Fenster waren in Form von wackligen Pyramiden gestaltet und so vollgepropft, so hoch aufgestapelt, daß es an Zauberei zu grenzen schien, daß sie nicht umfielen. In der linken Ecke des einen Fensters war schon seit undenklichen Zeiten eine Bekanntmachung mit vier Gelatinepastillen an die Scheibe geklebt:

Verloren!
Schöhne Goltbrosche
echt Gold
am Strand oder in der Nähe
abzugeben gegen Belohnung

Alice drückte die Tür auf. Die Glocke schrillte, die roten Sergevorhänge gingen auseinander, und Mrs. Stubbs erschien. Wie sie so über das ganze Gesicht lächelte und das lange Brotmesser in der Hand hielt, sah sie wie ein freundlicher Straßenräuber aus. Alice wurde so herzlich begrüßt, daß es ihr schwerfiel, ihre ›guten Manieren‹ beizubehalten. Diese bestanden in hartnäckigem Räuspern und ebenso hartnäckigen ›Hms‹; ferner darin, daß sie ständig an ihren Handschuhen zog und an ihrem Rock zerrte und sich sonderbarerweise schwertat, das zu sehen, was ihr vorgesetzt wurde, oder zu verstehen, was ihr gesagt wurde.

Der Teetisch war im Wohnzimmer gedeckt – Schinken, Sardinen, ein ganzes Pfund Butter und ein mächtiger Kuchen aus Weizenmehl, der so groß war, daß er wie eine Backpulverreklame aussah. Doch der Primuskocher rauschte so laut, daß es zwecklos war, ihn übertönen zu wollen. Alice setzte sich auf den Rand eines Korbstuhls, während Mrs. Stubbs den Kocher noch mehr aufdrehte. Plötzlich fegte Mrs. Stubbs das Kissen von einem Stuhl und brachte ein großes braunes Paket zum Vorschein.

»Ich hab' grade erst 'n paar neue Foters machen lassen, meine Liebe«, rief sie Alice fröhlich zu. »Sagense mir, wie Se se finden!«

Auf äußerst feine und elegante Art feuchtete sich Alice die Finger an und entfernte das Seidenpapier von dem ersten. Du lieber Himmel! So viele! Mindestens drei Dutzend! Und sie hielt eins gegen das Licht.

Mrs. Stubbs saß in einem Sessel, weit nach einer Seite gelehnt. Ihr großes Gesicht zeigte einen Ausdruck leichten Erstaunens, und das war nicht verwunderlich. Denn obwohl der Lehnsessel auf einem Teppich stand, stürzte sich links davon, wie durch ein Wunder den Teppichrand streifend, ein

Wasserfall herab. Zur Rechten stand eine griechische Säule zwischen zwei Riesenfarnen, und im Hintergrund erhob sich ein öder, schneebedeckter Gipfel.

»Nett arrangschiert, nicht wahr?« rief Mrs. Stubbs. Und Alice hatte gerade »Ganz reizend!« gerufen, als das Rauschen des Primuskochers nachließ, schwächer wurde, aufhörte, und ihr »Sehr hübsch!« fiel in eine direkt erschreckende Stille.

»Rückense Ihrn Stuhl ran, meine Liebe«, sagte Mrs. Stubbs und begann einzuschenken. »Ja«, sagte sie in Gedanken, als sie den Tee ausgoß, »aber de Größe gefällt mir nich. Ich lass' se mir vergrößern. Das is alles ganz gut un schön für Weihnachtskarten, doch ich für mein Teil hab' mir nie was aus kleinen Foters gemacht. Man hat nischt davon. Wennse's genau wissen wolln, se machn ein' nich so recht zefriedn.«

Alice verstand recht gut, was sie meinte.

»Größe«, sagte Mrs. Stubbs. »Größe braucht mer. Das hat mein Seliger immer gesagt. Der konnte nischt Kleines ausstehn. Kriegte Zustände davon. Und ob Se's glauben oder nich, meine Liebe«, hier gab Mrs. Stubbs einen knarrenden Laut von sich und schien bei der bloßen Erinnerung anzuschwellen, »zuletzt is er an de Wassersucht gestorben. So oft hamse ihm bei de Doktersch übern halben Liter abgenomm ... Wie wenn's 'ne Strafe gewesn is.«

Alice hätte nur allzugern gewußt, was man ihm denn abgenommen habe. Sie wagte ein: »Vermutlich Wasser?«

Aber Mrs. Stubbs heftete die Augen auf Alice und entgegnete vielsagend: »Liquor, meine Liebe.«

Liquor! Alice schreckte vor dem Wort zurück wie eine Katze und griff es dann ganz vorsichtig wieder auf.

»Das is er!« Mrs. Stubbs zeigte theatralisch auf das lebensgroße Brustbild eines korpulenten Mannes mit einer welken weißen Rose im Knopfloch, die einen an einen Kringel kaltes Hammelfett denken ließ. Darunter standen in silberner Schrift auf roter Pappe die Worte: »Fürchtet euch nicht, ich bin's!«

»Das ist ja so ein feines Gesicht«, hauchte Alice.

Die blaßblaue Schleife auf Mrs. Stubbs' hellem Kraushaar zitterte. Sie beugte ihren feisten Nacken. Und was für einen Nacken! Hellrosa im Ansatz, ging er dann in die warme Farbe von Aprikosen über, und diese wiederum verblaßte zu brauner Eierschale und dann zu einem tiefen Cremeton.

»Trotzdem, meine Liebe«, sagte sie überraschend, »Freiheit is am besten.« Das weiche, fette, stillvergnügte kleine Lachen, das sie hören ließ, klang wie ein Schnurren. »Freiheit is am besten!« sagte Mrs. Stubbs noch einmal.

Freiheit! Alice ließ ein lautes, albernes kleines Kichern hören. Sie war verlegen. In Gedanken war sie wieder in ihrer eigenen Küche. Wirklich zu komisch! Sie sehnte sich danach zurück.

9

Eine seltsame Gesellschaft war nach dem Tee in der Waschküche der Burnells versammelt. Um den Tisch saßen ein Stier, ein Hahn, ein Esel, der immer vergaß, daß er ein Esel war, ein Schaf und eine Biene. Die Waschküche war der ideale Ort für solch eine Zusammenkunft. Sie konnten dort so laut machen, wie sie wollten, und keiner störte sie. Es war ein kleiner Wellblechschuppen abseits vom Wohnhaus. An der Wand stand ein tiefer Trog und in der Ecke ein Kessel mit einem Korb voll Wäscheklammern obendrauf. Auf dem staubigen

Sims des kleinen, mit Spinnweben bedeckten Fensters lagen ein Kerzenstummel und eine Mausefalle. Wäscheleinen waren kreuz und quer gespannt, und an einem Haken in der Wand hing ein sehr großes, ein riesiges verrostetes Hufeisen. In der Mitte stand ein Tisch mit Bänken zu beiden Seiten.

»Du kannst keine Biene sein, Kezia. Eine Biene ist kein Tier, sondern ein Sekt.«

»Ach, aber ich möchte doch so schrecklich gern eine Biene sein«, jammerte Kezia... Eine winzige Biene, mit rundum gelbem Pelz und gestreiften Beinen. Sie zog die Beine unter sich und lehnte sich über den Tisch. Sie kam sich wie eine Biene vor.

»Ein Sekt muß ein Tier sein«, sagte sie bestimmt. »Es gibt Geräusche von sich. Es ist nicht wie ein Fisch.«

»Ich bin ein Stier, ich bin ein Stier!« schrie Pip. Und er ließ ein solch gewaltiges Gebrüll ertönen – wie machte er das nur? –, daß Lottie ganz erschrocken aussah.

»Ich bin ein Schaf«, sagte der kleine Rags. »Heute früh sind eine ganze Menge Schafe vorbeigezogen.«

»Woher weißt du das?«

»Papa hat sie gehört. Bäh!« Das klang wie das kleine Lamm, das hinterhertrottet und darauf zu warten scheint, getragen zu werden.

«Kikeriki!« schrie Isabel gellend. Mit den roten Backen und glänzenden Augen sah sie wirklich wie ein Hahn aus.

»Und was mache ich?« fragte Lottie in die Runde, und sie saß lächelnd da und erwartete ihre Entscheidung. Es mußte etwas Leichtes sein.

»Mach einen Esel, Lottie«, schlug Kezia vor. »Iah! Das kannst du dir merken.«

»Iah!« sagte Lottie feierlich. »Wann muß ich das denn machen?«

»Ich erklär's, ich erklär's«, rief der Stier. Er hatte die Karten. Er schwenkte sie über dem Kopf. »Seid mal alle still! Alles herhören!« Und er wartete. »Sieh mal, Lottie.« Er drehte eine Karte um. »Da sind zwei Punkte drauf, klar? Wenn du jetzt diese Karte in die Mitte legst und jemand anders hat auch eine mit zwei Punkten, sagst du ›Iah!‹, und die Karte ist dir.«

»Mir?« Lottie machte Kulleraugen. »Für ganz?«

»Nein, du Dummkopf. Bloß für das Spiel, klar? Bloß, solange wir spielen.« Der Stier war sehr mürrisch zu ihr.

»Ach, Lottie, du bist aber auch ein kleiner Dummerjan«, sagte der stolze Hahn.

Lottie sah sie beide an. Dann ließ sie den Kopf hängen, um ihren Mund zuckte es. »Ich will nicht mitspielen«, flüsterte sie. Die anderen warfen sich Verschwörerblicke zu. Sie alle wußten, was das bedeutete. Sie würde weggehen, und irgendwo würde man sie finden, wie sie mit der Schürze über dem Kopf in einer Ecke oder an einer Wand oder auch hinter einem Stuhl dastand.

»Doch, du spielst mit, Lottie. Es ist ganz leicht«, sagte Kezia.

Und reumütig meinte Isabel im Ton einer Erwachsenen: »Paß auf, wie ich's mache, dann lernst du's bald.«

»Kopf hoch, Lot«, sagte Pip. »Da, ich weiß was. Ich geb' dir die erste Karte. Sie ist eigentlich meine, aber ich geb' sie dir. Hier.« Und er warf die Karte vor Lottie hin.

Da lebte Lottie wieder auf. Doch jetzt war sie in einer neuen Verlegenheit. »Ich hab' kein Taschentuch. Ich brauch aber ganz dringend eins.«

»Hier, Lottie, du kannst meins nehmen.« Rags langte in seine Matrosenbluse und brachte eins zum Vorschein, das sehr naß aussah und zusammengeknotet war. »Sei vorsichtig«, mahnte er. »Nimm nur diese Ecke. Mach's nicht auf. Da ist ein kleiner Seestern drin. Ich will versuchen, ihn zu zähmen.«

»Ach, kommt, ihr Mädchen«, drängte der Stier. »Und denkt dran, ihr dürft eure Karten nicht angucken. Ihr müßt die Hände unterm Tisch lassen, bis ich ›Los!‹ sage.«

Die Karten knallten um den Tisch. Sie versuchten mit aller Macht, sie zu sehen, doch Pip war einfach zu schnell. Es war sehr aufregend, da in der Waschküche zu sitzen. Ehe Pip nicht fertig ausgeteilt hatte, konnten sie nichts weiter tun, auch nicht in einen Chor von Tierstimmen ausbrechen.

»Jetzt, Lottie, du fängst an.«

Ängstlich streckte Lottie eine Hand aus, nahm die oberste Karte von ihrem Stoß, schaute sie lange an – es war klar, daß sie die Punkte zählte – und legte sie hin.

»Nein, Lottie, nicht so. Du darfst nicht vorher gucken. Du mußt die Karte andersrum aufdekken.«

»Aber dann sieht sie doch jeder zur gleichen Zeit wie ich«, sagte Lottie.

Sie spielten weiter. Muh-uuh! Der Stier war

furchterregend. Er stieß nach vorn und schien die Karten auffressen zu wollen.

»Sss – sss!« summte die Biene.

»Kikeriki!« Vor Aufregung stand Isabel auf und bewegte die Ellbogen wie Flügel.

»Bäh!« Der kleine Rags legte den Karokönig hin und Lottie den Piekskönig, wie sie ihn nannten. Sie hatte kaum noch Karten übrig.

»Warum rufst du nicht, Lottie?«

»Ich hab' vergessen, was ich bin«, sagte der Esel kläglich.

»Da machst du eben was andres! Dann bist du eben ein Hund. Wau-wau!«

»O ja, das ist viel leichter.« Lottie lächelte wieder. Aber als sie und Kezia jede eine Karte hatten, wartete Kezia absichtlich ein bißchen. Die anderen machten Lottie Zeichen und zeigten. Lottie wurde ganz rot. Sie sah verwirrt aus, und schließlich sagte sie: »Iah! Kezia.«

»Pst! Augenblick mal!« Sie waren gerade mitten im schönsten Spiel, als der Stier ihnen mit erhobener Hand Einhalt gebot. »Was ist das? Was ist das für ein Geräusch?«

»Was denn für ein Geräusch? Was meinst du?« fragte der Hahn.

»Pst! Haltet mal alle den Mund! Hört mal!« Sie waren mucksmäuschenstill. »Mir war, als hätte ich etwas – etwas klopfen gehört«, sagte der Stier.

»Wie denn?« fragte das Schaf leise.

Keine Antwort.

Die Biene erschauderte. »Wozu haben wir denn eigentlich die Tür zugemacht?« fragte sie leise. Ach, warum, warum nur hatten sie die Tür zugemacht?

Während sie spielten, war der Tag zur Neige gegangen. Ein prächtiger Sonnenuntergang war aufgeflammt und vergangen. Und über das Meer und die Dünen und die Koppel brach jetzt rasch die Dunkelheit herein. Es war zum Fürchten, in die Ecken des Waschhauses zu gucken, und trotzdem zog es die Blicke mit aller Gewalt dahin. Und irgendwo weit weg steckte Großmama eine Lampe an. Die Jalousien wurden herunterlassen, in dem Zinnzeug auf dem Kamin loderte das Küchenfeuer auf.

»Stellt euch mal vor, eine Spinne würde jetzt von der Decke auf den Tisch runterfallen. Wäre das nicht entsetzlich?« ließ sich der Stier hören.

»Spinnen fallen nicht von Decken runter.«

»Doch. Unsere Min hat uns erzählt, sie hätte eine Spinne gesehen, die so groß war wie eine Untertasse und lange Haare hatte wie eine Stachelbeere.«

Sofort flogen all die kleinen Köpfe hoch. All die kleinen Gestalten krochen zusammen, preßten sich aneinander.

»Warum kommt denn keiner und ruft uns?« rief der Hahn.

Ach, diese Erwachsenen! Sie saßen jetzt gemütlich und lachend im Lampenschein, die Tasse in der Hand! Sie hatten sie ganz vergessen. Nein, nicht richtig vergessen. Ihr Lächeln sollte soviel heißen wie, sie hätten beschlossen, sie ganz sich selbst zu überlassen.

Plötzlich schrie Lottie so durchdringend auf, daß sie alle von den Bänken sprangen und ebenfalls schrien. »Ein Gesicht – da guckt ein Gesicht herein!« gellte Lotties Schrei.

Ja, wahrhaftig. Gegen die Scheibe preßte sich ein bleiches Gesicht, schwarze Augen, ein dunkler Bart.

»Großmama! Mutter! Komm doch jemand!«

Doch sie waren noch nicht, übereinanderstürzend, bis zur Tür gelangt, als sie aufging und Onkel Jonathan erschien. Er wollte die kleinen Jungen nach Hause holen.

10

Er hatte eigentlich eher da sein wollen. Doch im Garten vorm Haus hatte er Linda getroffen, die auf dem Rasen auf und ab ging und gelegentlich stehenblieb, um eine welke Nelke abzubrechen oder eine schwere Blüte an etwas anzulehnen oder auch, um einen tiefen Atemzug zu tun, und dann in ihrer leicht entrückten Art weiterging. Über ihrem weißen Kleid trug sie einen gelben Schal mit blaßroten Fransen aus dem chinesischen Laden.

»Hallo, Jonathan!« rief Linda. Und Jonathan zog schwungvoll seinen abgetragenen Panamahut, drückte ihn an die Brust, ließ sich auf ein Knie fallen und küßte Linda die Hand.

»Zum Gruße, meine Schöne! Zum Gruße, meine himmlische Pfirsichblüte!« brummte galant die Baßstimme. »Wo sind die anderen edlen Damen?«

»Beryl ist Bridge spielen gegangen, und Mutter badet den Jungen... Möchtest du etwas borgen?«

Bei den Trouts wurde ständig irgend etwas alle, und im letzten Moment schickten sie immer zu den Burnells herüber.

Aber Jonathan gab nur zur Antwort: »Ein wenig Liebe, ein wenig Freundlichkeit«, und er ging an der Seite seiner Schwägerin dahin.

Linda legte sich in Beryls Hängematte unter dem Manukabaum, und Jonathan streckte sich neben ihr auf dem Rasen aus, riß einen langen Halm ab und begann darauf herumzukauen. Sie kannten einander gut. Aus den anderen Gärten klangen Kinderstimmen herüber. Der leichte Karren eines Fischers holperte die sandige Landstraße entlang, und weit in der Ferne bellte ein Hund. Es klang ganz erstickt, als ob der Hund mit dem Kopf in einem Sack steckte. Wenn man lauschte, konnte man das leise Rauschen des Meeres hören, das jetzt bei Flut über die Steine brandete. Die Sonne ging gerade unter.

»Und da gehst du also am Montag wieder ins Büro, Jonathan, nicht wahr?« fragte Linda.

»Am Montag öffnet sich die Käfigtür und schließt sich hinter dem Opfer für weitere elf Monate und eine Woche«, antwortete Jonathan.

Linda schaukelte leicht hin und her. »Es muß schrecklich sein«, sagte sie langsam.

»Soll ich lachen, schöne Schwester? Soll ich weinen, edle Frau?« Linda war so an Jonathans

Sprechweise gewöhnt, daß sie ihr keine Aufmerksamkeit schenkte.

»Wahrscheinlich gewöhnt man sich daran«, meinte sie unbestimmt. »Man gewöhnt sich schließlich an alles.«

»Wirklich? Hm!« Das ›Hm‹ klang so tief, daß es aus unterirdischen Regionen zu kommen schien. »Ich wüßte gern, wie man das macht«, sagte Jonathan nachdenklich. »Ich hab' das nie geschafft.«

Als sie ihn ansah, wie er so dalag, kam es Linda erneut in den Sinn, wie anziehend er doch wirkte. Eigentlich komisch, wenn man daran dachte, daß er nur ein gewöhnlicher Angestellter war, daß Stanley zweimal soviel verdiente wie er. Was war nur mit Jonathan los? Er hatte keinen Ehrgeiz; das mußte es wohl sein. Und doch hatte man das Gefühl, daß er begabt war, daß er kein Durchschnittsmensch war. Er liebte leidenschaftlich Musik. Jeden Penny, den er erübrigen konnte, gab er für Bücher aus. Immer steckte er voll neuer Ideen, Vorhaben, Pläne. Doch aus all dem wurde nie etwas. Das neue Feuer loderte in Jonathan auf, man hörte es förmlich knistern, wenn er erklärte, beschrieb und sich über die neue Sache ausließ. Wenig später jedoch war es zusammengefallen, und es blieb nichts als Asche, und Jonathan lief mit einem hungrigen Blick in den schwarzen Augen umher. Dann steigerte er seine alberne Sprechweise, und in der Kirche sang er – er war die Stütze des Chores – mit einer derartigen dramatischen Intensität, daß die gewöhnlichste Hymne einen ruchlosen Glanz annahm.

»Am Montag ins Büro gehen zu müssen kommt mir genauso idiotisch, genauso infernalisch vor, wie es mir immer vorgekommen ist und immer vorkommen wird«, sagte Jonathan. »Die besten Jahre seines Lebens damit zu verbringen, daß man von neun bis fünf auf einem Sessel hockt und für irgendwen da ins Hauptbuch kritzelt! Eigentlich fragwürdig, was man da so aus seinem Leben macht, und man hat ja nur eins, nicht wahr? Oder ist das nur ein dummer Traum?« Er rollte sich auf dem Rasen auf die andere Seite und sah Linda an. »Sag mir doch, was mein Leben von dem eines normalen Gefangenen unterscheidet! Für mich ist der einzige Unterschied der, daß ich mich selbst ins Gefängnis gesteckt habe und keiner mich jemals rauslassen wird. Das ist viel unerträglicher als das andere. Denn wenn ich gegen meinen Willen – ja sogar, wenn ich mich mit Händen und Füßen dagegen gewehrt hätte – hineingeworfen worden wäre, wäre das Tor dann einmal zugefallen, oder auf jeden Fall nach fünf Jahren oder so, hätte ich mich vielleicht damit abgefunden und mich vielleicht für den Flug der Fliegen interessiert, oder ich hätte begonnen, die Schritte des Wärters auf dem Gang zu zählen, und dabei besonders achtgegeben auf Veränderungen des Tritts und so weiter. Aber es ist doch so, ich bin wie ein Falter, der von selbst in ein Zimmer geflogen ist. Ich pralle gegen die Wände, pralle gegen die Fenster, stoße an die Decke, tue tatsächlich alles mögliche auf Gottes weiter Erde, nur eines nicht: wieder hinausfliegen. Und die ganze Zeit komme ich von dem Gedanken nicht los, wie dieser Falter oder Schmetterling, oder was es auch immer sein mag: ›Das Leben ist so kurz! Das Leben ist so kurz!‹ Ich habe nur eine Nacht oder einen Tag, und draußen wartet dieser große gefährliche Garten, noch unentdeckt, unerforscht.«

»Aber, wenn dir's so zumute ist, warum–«, begann Linda schnell.

»Ach!« rief Jonathan. Und das ›Ach!‹ klang irgendwie beinahe frohlockend. »Da hast du's. Warum? Warum eigentlich? Das ist ja die rätselhafte Frage, die einen verrückt machen könnte. Warum fliege ich denn nicht wieder hinaus? Da gibt es ja das Fenster oder die Tür oder wodurch ich auch immer hereingekommen bin. Es ist nicht ein für allemal verschlossen, nicht wahr? Warum suche ich nicht den Ausgang und fliege weg? Beantworte mir das doch mal, kleine Schwester.« Doch er ließ ihr keine Zeit für eine Antwort.

»Da geht es mir wieder genauso wie dem Falter. Aus irgendeinem Grunde«, Jonathan stockte zwischen den Wörtern, »ist es nicht erlaubt, ist es verboten, verstößt es gegen das Gesetz der Falter, auch nur für einen Augenblick aufzuhören, gegen die Scheibe zu stoßen und zu schlagen und zu kriechen. Warum gehe ich nicht weg aus dem Büro? Warum überlege ich mir nicht ernsthaft, in diesem Augenblick zum Beispiel, was mich eigentlich davon abhält, dort wegzugehen? Nicht, daß ich übermäßig gebunden wäre. Ich habe zwei Jungen, für die ich sorgen muß, aber letzten Endes sind es ja Jungen. Ich könnte mich davonmachen und zur See gehen oder mir etwas im Landesinnern suchen oder...« Plötzlich lächelte er Linda zu und sagte mit veränderter Stimme, als ob er ein Geheimnis verrate: »Schwach... einfach schwach. Kein

Mark in den Knochen. Kein Halt. Kein lenkendes Prinzip, so kann man es wohl nennen.« Doch dann deklamierte die dunkle samtene Stimme:

»Vernähmt ihr die Geschichte,
wie sie sich begab ...«

und sie schwiegen.

Die Sonne war untergegangen. Am westlichen Himmel standen große Haufen zusammengeballter, rosig angehauchter Wolken. Breite glänzende Strahlen schienen durch die Wolken hindurch und leuchteten darüber hinaus, als ob sie den ganzen Himmel bedeckten. Droben das Blau verblaßte, färbte sich blaßgolden, und der Busch hob sich dagegen ab, glänzte dunkel und strahlend wie Metall. Manchmal sind diese Lichtstrahlen, wenn sie sich am Himmel zeigen, sehr ehrfurchtgebietend. Sie erinnern daran, daß da oben Jehova thront, der fordernde Gott, der Allmächtige, dessen wachsames, nimmermüdes Auge auf uns ruht. Man besinnt sich darauf, daß bei Seinem Erscheinen die ganze Erde erbeben und zu einem verwüsteten Friedhof werden wird. Die kalten strahlenden Engel werden einen hierhin und dorthin treiben, und es wird keine Zeit auch nur für die einfachsten Erklärungen geben ... Doch heute abend kam es Linda vor, daß etwas von unendlicher Freude und Liebe in diesen silbernen Strahlen war. Und kein Laut war jetzt vom Meer zu hören. Es atmete leise, als ob es diese zarte, frohe Schönheit in seine Brust aufnehmen wolle.

»Das ist ganz und gar verkehrt, ganz und gar verkehrt«, ertönte schattenhaft Jonathans Stimme. »Es ist nicht der Ort, es ist nicht der Schauplatz für ... drei Schemel, drei Pulte, drei Tintenfässer und eine Drahtjalousie.«

Linda wußte, daß er sich nie ändern würde, trotzdem sagte sie: »Ist es denn zu spät, auch jetzt?«

»Ich bin alt – ich bin alt«, ließ sich Jonathan hören. Er neigte sich zu ihr, strich sich mit der Hand über den Kopf. »Sieh mal!« Sein schwarzes Haar war überall von Silberfäden durchzogen wie die Brustfedern eines schwarzen Vogels.

Linda war überrascht. Sie hatte keine Ahnung gehabt, daß er grau war. Und doch, als er so neben ihr stand und seufzte und sich dehnte, sah sie ihn zum ersten Mal nicht entschlossen, nicht galant, nicht unbekümmert, sondern bereits vom Alter gezeichnet. Auf dem Rasen, der zunehmend dunkler wurde, sah er sehr groß aus, und der Gedanke schoß ihr durch den Kopf: ›Er ist wie Unkraut.‹

Jonathan neigte sich erneut zu ihr herab und küßte ihr die Hand.

»Der Himmel lohne dir deine Geduld, süße Frouwe min«, murmelte er. »Ich muß gehen und die Erben meines Ruhmes und Vermögens suchen.« Damit war er fort.

11

Durch die Fenster des Bungalows schimmerte Licht. Zwei goldene Vierecke fielen auf die Nelken und die spitzen Ringelblumen. Die Katze Florrie kam auf die Veranda heraus und setzte sich auf die oberste Stufe, die weißen Pfoten hielt sie dicht beisammen, der Schwanz ringelte sich. Sie sah zufrieden aus, als hätte sie den ganzen Tag auf diesen Augenblick gewartet.

»Gott sei Dank wird es langsam spät«, sagte Florrie. »Gott sei Dank ist der lange Tag vorüber.« Ihre grünen Augen wurden groß.

Alsbald hörte man die Kutsche heranrumpeln und Kellys Peitsche knallen. Sie war jetzt so nahe, daß man die Stimmen der Männer hörte, die aus der Stadt kamen; sie unterhielten sich laut. An Burnells Gartentor hielt der Wagen an.

Stanley sah Linda erst, als er den Gartenweg schon zur Hälfte hinauf war. »Bist du's Liebling?«

»Ja, Stanley.«

Er sprang über ein Blumenbeet und nahm sie in die Arme. Umschloß sie in der vertrauten, heißen, starken Umarmung.

»Vergib mir, Liebling, vergib mir«, stammelte Stanley, und er schob ihr die Hand unters Kinn und hob ihr Gesicht zu sich empor.

»Dir vergeben?« lächelte Linda. »Aber was denn nur?«

»Großer Gott! Das kannst du doch nicht vergessen haben!« rief Stanley Burnell. »Den ganzen Tag hab ich an nichts anderes gedacht. Es war ein entsetzlicher Tag. Ich wollte eigentlich schon losstürzen und telegrafieren, aber dann dachte ich, daß das Telegramm dich vielleicht nicht erreichen würde, ehe ich käme. Ich habe fürchterliche Qualen ausgestanden, Linda.«

»Aber Stanley«, fragte Linda, »was muß ich dir denn vergeben?«

»Linda!« Stanley war tief getroffen, »hast du denn nicht gemerkt – doch du mußt das gemerkt haben –, daß ich heute früh weggegangen bin, ohne mich von dir zu verabschieden? Wie habe ich nur so etwas tun können? Natürlich meine verdammte Laune. Aber – hm«, und er seufzte und nahm sie wieder in die Arme, »ich hab' heute genug darum gelitten.«

»Was hältst du denn da in der Hand?« fragte Linda. »Neue Handschuhe? Laß mich mal sehen.«

»Ach, bloß ein Paar aus billigem Waschleder«, sagte Stanley bescheiden. »Ich hab' heute früh in der Kutsche gesehen, daß Bell welche trug, so bin ich eben, als ich an dem Laden vorbeikam, hineingegangen und hab' mir auch ein Paar gekauft. Worüber lächelst du? Du denkst doch nicht etwa, ich hätte das nicht machen sollen?«

»Im Gegenteil, Liebling«, erwiderte Linda, »ich halte das für sehr vernünftig.«

Sie zog einen der großen hellen Handschuhe über ihre Hand und sah sie an, wobei sie sie nach allen Seiten drehte. Sie lächelte immer noch.

Stanley wollte eigentlich sagen: »Ich hab' die ganze Zeit, als ich sie kaufte, an dich gedacht.« Es stimmte auch, doch aus irgendeinem Grunde brachte er es nicht heraus. »Gehen wir hinein«, sagte er nur.

12

Warum fühlt man sich nachts so anders? Warum ist das so aufregend, wach zu sein, wenn alle anderen schlafen? Es ist spät – sehr spät. Und doch kommt man sich mit jedem Augenblick immer munterer vor, als erwachte man langsam, beinahe mit jedem Atemzug, in einer neuen, wunderbaren Welt, die viel packender und erregender als bei Tageslicht war. Und was ist das für ein eigenartiges Gefühl, daß man sich wie ein Verschwörer vorkommt? Leise und verstohlen bewegt man sich durch das Zimmer. Man nimmt etwas vom Toilettentisch und legt es geräuschlos wieder hin. Und alles, sogar der Bettpfosten, kennt einen, reagiert, teilt das Geheimnis...

Am Tage liebt man sein Zimmer nicht besonders, denkt nie daran. Hinein und heraus, die Tür öffnet und schließt sich, der Schrank knarrt. Auf der Bettkante sitzend, werden die Schuhe gewechselt, und schon stürzt man wieder hinaus. Schnell mal zum Spiegel gebückt, zwei Nadeln ins Haar gesteckt, die Nase gepudert und wieder fort. Aber jetzt ist es einem auf einmal lieb geworden, ein süßes, kleines, merkwürdiges Zimmer, dein Zimmer. Ach, wie schön ist es, etwas zu besitzen! Meins – mein eigenes!

»Für immer mein?«

»Ja.« Ihre Lippen trafen sich.

Nein, das hatte natürlich nichts damit zu tun. Das war alles ganz großer Unsinn. Doch sich zum Trotz sah Beryl ganz deutlich mitten in ihrem Zimmer zwei Menschen stehen. Sie hatte die Arme um seinen Hals geschlungen, er hielt sie fest. Und jetzt flüsterte er: »Mein Liebling, mein kleiner Liebling!« Sie sprang vom Bett auf, lief zum Fenster hinüber und kniete sich auf den Stuhl am Fenster, die Ellbogen auf dem Fensterbrett. Doch auch die wunderbare Nacht, der Garten, jeder Busch, jedes Blatt, sogar die weißen Zaunlatten und die Sterne waren Verschworene. Der Mond schien so hell, daß die Blumen wie am Tage leuchteten. Die köstlichen lilienartigen Blätter und weit geöffneten Blüten der Kapuzinerkresse warfen auf der silbrigen Veranda ihre Schatten. Der durch den Südwind gebeugte Manukabaum glich einem Vogel auf einem Bein, der einen Flügel ausgestreckt hatte.

Aber als Beryl zum Busch hinsah, kam es ihr vor, als wäre er traurig.

»Wir sind stumme Bäume, die in die Nacht hineinragen und ich weiß nicht was erflehen«, sagte der bekümmerte Busch.

Wenn man allein ist und über das Leben nachsinnt, ist das freilich immer traurig. Es gehört zu diesem ganzen aufregenden Gefühl und so weiter, daß es einen plötzlich verläßt, und es ist, als ob man in der Stille beim Namen gerufen würde und seinen Namen zum ersten Male hörte. »Beryl!«

»Ja, hier bin ich. Ich bin Beryl. Wer ist da?«

»Beryl!«

»Laß mich kommen!«

Man fühlt sich einsam, wenn man allein lebt. Sicher sind da jede Menge Freunde und Verwandte, aber das meint sie ja auch nicht. Sie sehnt sich nach jemandem, der die Beryl entdeckt, die keiner von ihnen kennt, der erwartet, daß sie immer diese Beryl ist. Sie sehnt sich nach einem, der sie liebt.

»Nimm mich fort von all den anderen Leuten, Liebling! Laß uns weit fortgehen. Wir wollen unser Leben leben, unser eigenes neues Leben, von Anfang an. Wir wollen uns unser Feuer anmachen. Wir wollen uns zusammen zum Essen niedersetzen. Wir wollen uns nachts lange unterhalten.«

Und der Gedanke dabei war beinahe: »Rette mich, Liebster. Rette mich!«

… »Ach, gehen Sie! Seien Sie doch nicht so prüde, meine Liebe. Genießen Sie das Leben, solange Sie jung sind. Das kann ich Ihnen nur raten.« Und plötzlich fiel ein albernes Gelächter in Mrs. Kembers lautes, gleichgültiges Wiehern ein.

Ach, es ist so schrecklich schwer, wenn man niemanden hat. Man ist allem so ausgeliefert. Man kann ja nicht einfach unhöflich sein. Und dann immer diese Angst, so unerfahren und spießig zu erscheinen wie die anderen dummen Dinger an der Bucht. Und – und es ist doch ein erhebendes Gefühl zu wissen, daß man Macht über jemanden hat. Ja, erhebend…

Ach, warum, warum nur kommt ›er‹ nicht bald?

Wenn ich weiter hier lebe, dachte Beryl, kann mir alles mögliche passieren.

»Aber woher weißt du denn, daß er überhaupt kommt?« spottete eine zarte Stimme in ihr.

Beryl unterdrückte sie jedoch. Sie konnte nicht einfach so übrigbleiben, andere vielleicht, aber doch nicht sie. Es war einfach nicht vorstellbar, daß Beryl Fairfield niemals heiratete, dieses reizende, entzückende Mädchen.

»Kannst du dich noch an Beryl Fairfield erinnern?«

»Mich an sie erinnern! Als ob ich sie je vergessen könnte! Einmal im Sommer habe ich sie an der Bucht gesehen. Sie stand da am Strand in einem blauen, nein, blaßroten Musselinkleid und hielt einen großen cremefarbenen, nein, schwarzen Strohhut. Aber das ist jetzt Jahre her.«

»Sie ist so reizend wie eh und je, vielleicht noch schöner.«

Beryl lächelte, biß sich auf die Lippe und schaute hinaus über den Garten. Als sie so ihre Blicke schweifen ließ, sah sie jemanden, einen Mann, die Straße verlassen, die Koppel an ihrem Zaun langgehen, als käme er geradewegs auf sie zu. Ihr schlug das Herz. Wer war das? Wer konnte das nur sein? Das konnte doch kein Einbrecher sein, bestimmt nicht, denn er rauchte ja und spazierte so unbekümmert dahin. Beryls Herz machte einen Satz; es war, als ob es sich überschlug und dann stehenblieb. Sie erkannte ihn.

»Guten Abend, Miss Beryl«, sagte eine leise Stimme.

»Guten Abend!«

»Hätten Sie nicht Lust auf einen kleinen Spaziergang?« kam es schleppend.

Spazierengehen – zu dieser Nachtzeit! »Das könnte ich nicht. Alle sind schon im Bett und schlafen.«

»Oh«, sagte die Stimme leichthin, und eine angenehme Rauchwolke kam zu ihr herübergeweht. »Was gehen uns alle an? Kommen Sie nur! Es ist so eine herrliche Nacht. Keine Menschenseele unterwegs.«

Beryl schüttelte den Kopf. Doch da rührte sich bereits etwas in ihr, etwas hob den Kopf.

Die Stimme fragte: »Angst?« Sie spottete: »Armes kleines Mädchen!«

»Nicht im geringsten«, erwiderte sie. Als sie sprach, schien sich dieses schwache Etwas in ihr zu entfalten, auf einmal ungeheuer stark zu werden. Sie wollte ja so gern gehen!

Und als ob der andere das spürte, sagte die Stimme leise und zart, aber bestimmt: »Kommen Sie nur!«

Beryl stieg aus dem niedrigen Fenster, ging über die Veranda, lief über den Rasen zum Gartentor. Er war vor ihr dort.

»So ist's recht«, flüsterte die Stimme, und dann neckend: »Sie fürchten sich doch nicht etwa? Sie fürchten sich doch nicht etwa?«

Doch, sie fürchtete sich. Jetzt, da sie hier war, hatte sie schreckliche Angst, und alles kam ihr ganz anders vor. Das Mondlicht glänzte starr; die Schatten glichen Eisenstangen. Da wurde ihre Hand ergriffen.

»Nicht im geringsten«, sagte sie leichthin. »Warum sollte ich denn auch?«

Ihre Hand wurde zart, dann heftig gezogen. Sie blieb stehen.

»Nein, ich komme nicht weiter mit«, sagte Beryl.

»Ach, Unsinn!« Harry Kember glaubte ihr nicht. »Kommen Sie! Wir gehen nur bis zu dem Fuchsienstrauch. Kommen Sie nur!«

Die große Fuchsie fiel üppig über den Zaun. Darunter war eine kleine Höhle aus Dunkelheit.

»Nein, ich möchte wirklich nicht«, sagte Beryl.

Für einen Augenblick erwiderte Harry Kember nichts. Dann kam er nahe zu ihr, wandte sich ihr zu, lächelte und sagte rasch: »Seien Sie doch nicht albern! Seien Sie doch nicht so albern!«

Ein derartiges Lächeln hatte sie noch nie vorher

gesehen. War er betrunken? Dieses strahlende, undurchsichtige, graueneinflößende Lächeln ließ sie vor Schreck erstarren. Was tat er da? Wie war sie hierhergekommen? fragte sie der düstere Garten, als die Gartentür aufgestoßen wurde und flink wie eine Katze Harry Kember durch die Tür glitt und sie an sich riß.

»Kleine kalte Hexe! Kleine kalte Hexe!« sagte die abscheuliche Stimme.

Doch Beryl war stark. Sie duckte sich und zerrte sich los.

»Sie sind gemein, ganz gemein!«

»Warum in Gottes Namen sind Sie denn dann gekommen?« stammelte Harry Kember.

Niemand antwortete ihm.

13

Eine Wolke zog vor den Mond, klein, ruhig. In dieser flüchtigen Finsternis klang das Meer tief und aufgewühlt. Dann segelte die Wolke vorbei, und das Rauschen des Meeres war nur noch ein leises Murmeln, als erwachte es aus einem düsteren Traum. Alles war still.

Die Flucht

Es war seine Schuld, einzig und allein seine Schuld, daß sie den Zug verpaßt hatten. Wie, wenn die idiotischen Hotelleute nun die Rechnung nicht ausgestellt hätten? Lag das nicht nur daran, daß er beim Mittagessen dem Kellner nicht nachdrücklich genug klargemacht hatte, sie müßten sie bis spätestens zwei Uhr haben? Jeder andere Mann wäre sitzen geblieben und hätte sich nicht vom Fleck gerührt, bis sie ihm die Rechnung gegeben hätten. Aber nein! Sein köstlicher Glaube an die menschliche Natur hatte ihn aufstehen und erwarten lassen, daß einer dieser Idioten sie ihnen aufs Zimmer brächte... Und dann, als die *Voiture* endlich kam, während sie noch (o du lieber Himmel!) auf das Geld warteten, das sie herausbekamen, warum hatte er sich da denn nicht darum gekümmert, daß das Gepäck ordentlich verstaut wurde, so daß sie wenigstens in dem Augenblick hätten losfahren können, als das Geld gebracht wurde? Hätte denn etwa sie hinausgehen sollen, um in der Hitze unter der Markise zu stehen und mit dem Sonnenschirm umherzudirigieren? Ein sehr amüsantes Bild des englischen häuslichen Lebens. Auch als dem Kutscher eröffnet worden war, wie schnell er zu fahren habe, hatte er nicht im geringsten darauf achtgegeben – sondern einfach gelächelt. »Oh«, stöhnte sie, wenn sie der Kutscher gewesen wäre, hätte sie sich auch das Lächeln nicht verkneifen können über die sinnlose, alberne Art und Weise, in der er zur Eile angetrieben wurde. Und sie lehnte sich zurück und ahmte seine Stimme nach: »*Allez, vite, vite*«, und bat den Fahrer um Entschuldigung, daß sie ihn behelligte...

Und dann der Bahnhof – unvergeßlich – mit dem Anblick des munteren kleinen Zuges, der davonzuckelte, und dieser gräßlichen Kinder, die aus den Fenstern winkten. »Oh, wozu muß ich denn so etwas ertragen? Warum bin ich all dem ausgesetzt?...« Das gleißende Licht, die Fliegen, während sie warteten und er und der Stationsvorsteher über dem Fahrplan die Köpfe zusammensteckten, um diesen anderen Zug herauszusuchen, den sie natürlich nicht kriegen würden. Die Leute, die sich um sie geschart hatten, und die Frau, die dieses Baby mit dem fürchterlichen, fürchterlichen Kopf hochhielt... »Ach, sich zu sorgen, wie ich mich sorge, zu fühlen, wie ich fühle, und doch nie verschont zu bleiben – nie auch nur einen Augenblick lang zu erfahren, wie es wäre, zu ... zu ...«

Ihre Stimme war anders geworden – zitterte, weinte jetzt. Sie kramte in ihrer Handtasche herum und brachte aus deren winzigem Rachen ein wohlriechendes Taschentuch zum Vorschein. Sie hob den Schleier hoch, und als täte sie es für jemand anderen, mitleidsvoll, als sagte sie zu jemand anderem: »Ich weiß, Liebes«, preßte sie das Taschentuch an die Augen.

Das Täschchen lag auf ihrem Schoß, in seinem silbern schimmernden, gähnenden Schlund konnte er die Puderquaste sehen, den Lippenstift, ein Bündel Briefe, ein Fläschchen schwarzer Kügelchen, Samenkörnern ähnlich, eine zerbrochene Zigarette, einen Spiegel, weiße Elfenbeintäfelchen mit Listen darauf, die dick durchgestrichen waren. ›In Ägypten würde sie mit diesem Kram begraben werden‹, dachte er.

Sie hatten die letzten Häuser hinter sich gelassen, diese kleinen versprengten Häuser, wo Topfscherben zwischen den Beeten lagen und halbnackte Hennen bei den Haustürstufen scharrten. Jetzt fuhren sie eine lange, steile Straße hinauf, die sich rund um den Berg schlängelte und in die nächste Bucht hinüberführte. Die Pferde stolperten, so schwer hatten sie zu ziehen. Alle fünf Minuten, alle zwei Minuten ließ der Kutscher die Peitsche knallen. Sein breiter Rücken war fest wie Holz; Geschwüre bedeckten den geröteten Nacken, und er trug einen neuen, einen glänzenden neuen Strohhut...

Es ging ein leichtes Lüftchen, gerade genug, um die frischen Blätter an den Obstbäumen wie Atlasseide schimmern zu lassen, um über das feine Gras zu streichen, die rauchigen Oliven in Silber zu verwandeln – gerade genug, um vor dem Wagen den Staub zu einer kleinen quirligen Wolke aufzuwirbeln, die sich dann wie feinste Asche auf ihre Kleidung setzte. Als sie ihre Puderquaste aus der Tasche nahm, stiebte der Puder über sie beide hin.

»Ach, der Staub!« hauchte sie, »der widerliche, entsetzliche Staub!« Und sie zog den Schleier vors Gesicht und lehnte sich, gleichsam überwältigt, zurück.

»Warum spannst du nicht deinen Sonnenschirm auf?« schlug er vor. Der lag auf dem Vordersitz, und er beugte sich vor, um ihn ihr zu geben. Da richtete sie sich jäh wieder auf und wütete von neuem los.

»Laß bitte meinen Sonnenschirm in Ruhe! Ich will den Sonnenschirm nicht haben. Und jeder, der nicht ganz und gar gefühllos ist, wüßte, daß ich viel, viel zu erschöpft bin, um einen Sonnenschirm zu halten. Und bei solchem Wind, der daran zerrt... Leg ihn sofort wieder hin!« blitzte sie ihn an, und dann entriß sie ihm den Sonnenschirm, schleuderte ihn hinter sich in das zusammengeschobene Verdeck und ließ sich keuchend zurückfallen.

Wieder ging's um eine Biegung, und da kam unter Schreien und Kichern eine Schar kleiner Kinder den Hang herunter, kleine Mädchen, das Haar von der Sonne gebleicht, kleine Jungen in verschossenen Soldatenmützen. In der Hand hatten sie Blumen – vielerlei verschiedene Arten, die sie an den Köpfen abgerissen hatten und nun hinhielten, während sie neben dem Wagen herrannten. Flieder, verblaßten Flieder, grünweiße Schneebälle, einen Aronstab, eine Handvoll Hyazinthen. Sie zwängten die Blumen ebenso wie ihre lausbübischen Gesichter in den Wagen. Einer warf ihr sogar ein Sträußchen Ringelblumen in den Schoß.

Arme kleine Dinger! Er hatte seine Hand in die Hosentasche gesteckt. »Um Himmels willen, gib ihnen bloß nichts! Ach, das bist wieder mal typisch du! Schreckliche kleine Affen. Jetzt werden sie uns den ganzen Weg lang verfolgen. Ermutige sie nicht noch; du würdest auch Bettlern noch Mut machen!« Und mit den Worten: »Also, mach das, wenn ich nicht dabei bin, bitte«, schleuderte sie das Sträußchen aus der Kutsche.

Er sah den sonderbaren Schrecken auf den Kindergesichtern. Sie hielten im Laufen inne, fielen zurück, und dann begannen sie zu schreien, und sie schrien und schrien, bis der Wagen abermals hinter einer Biegung verschwunden war.

»Ach, wie viele kommen denn noch, bis wir oben sind? Nicht einmal sind die Pferde getrabt. Es ist sicher nicht nötig, daß sie die ganze Strecke im Schritt gehen.«

»Wir sind jetzt gleich da«, sagte er und zog das Zigarettenetui hervor. Da drehte sie sich zu ihm um. Sie schlug die Hände zusammen und hielt sie an die Brust; hinter dem Schleier erschienen ihre dunklen Augen riesengroß und flehend. Ihre Nasenflügel bebten, sie biß sich auf die Lippe, und ihr Kopf erzitterte wie in einem kleinen nervösen

Krampf. Aber als sie sprach, war ihre Stimme ganz leise und sehr, sehr ruhig.

»Ich möchte dich um etwas bitten. Ich möchte von dir etwas erbitten«, sagte sie. »Ich habe dich schon Hunderte von Malen vorher darum gebeten, aber du hast es wohl vergessen. Es ist eine Bagatelle, aber wenn du wüßtest, was sie mir bedeutet...« Sie rang die Hände. »Aber das kannst du nicht wissen. Kein menschliches Wesen könnte das wissen und doch so grausam sein.« Und dann langsam und mit Bedacht, dabei diese riesig großen, schwermütigen Augen immerzu auf ihn gerichtet: »Zum letzten Male flehe ich dich inständig an, nicht zu rauchen, wenn wir zusammen in einem Wagen sitzen. Wenn du dir die Qualen vorstellen könntest«, fuhr sie fort, »die ich erleide, wenn es mir diesen Rauch ins Gesicht weht...«

»Schön«, sagte er, »ich werde nicht rauchen. Ich hatte es vergessen.« Und er steckte das Etui wieder ein.

»Ach nein«, erwiderte sie und hätte beinahe laut losgelacht. Sie bedeckte mit dem Handrücken die Augen. »Du kannst das nicht vergessen haben. Nicht das.«

Der Wind wehte jetzt kräftiger. Sie hatten die Höhe erreicht. »Hoy-yip-yip-yip!« schrie der Kutscher. Sie schaukelten auf der Straße dahin, die in ein schmales Tal hinabging, tief unten an der Küste entlangführte, um sich dann auf der anderen Seite wieder über eine sanft geschwungene Hügelkette zu winden. Jetzt gab es wieder Häuser, hinter blauen Läden gegen die Hitze verschlossen, mit hell aufflammenden Gärten, über die blaßroten Wände fielen Geranienteppiche herab. Die Küstenlinie war dunkel; am Rande des Meeres regte sich nur ein weißer seidiger Saum. Die Kutsche schaukelte ins Tal hinunter, rumpelte, holperte. »Yi-ip!« rief der Kutscher. Sie klammerte sich seitlich am Sitz fest, schloß die Augen, und er wußte genau, sie fand, dies alles geschehe in vollster Absicht. Diese Schaukelei und Rumpelei, all das treibe man nur – und irgendwie war er dafür verantwortlich –, um sie zu ärgern, weil sie gefragt hatte, ob sie nicht etwas schneller fahren könnten. Aber gerade, als sie ganz unten im Tal anlangten, tat es einen ungeheuerlichen Ruck. Der Wagen überschlug sich beinahe, und er sah, wie ihre Augen ihn anfunkelten, und mit größter Bestimmtheit zischte sie: »Dir macht das sicher Freude?«

Weiter ging die Fahrt. Sie kamen ganz hinunter ins Tal. Plötzlich erhob sie sich. »*Cocher! Cocher! Arrêtez-vous!*« Sie drehte sich um und schaute hinter sich in das zusammengeschobene Verdeck. »Hab' ich's doch gewußt!« ereiferte sie sich. »Hab' ich's doch gewußt. Ich habe ihn fallen hören, und du auch, bei diesem letzten Ruck.«

»Was? Wo?«

»Meinen Sonnenschirm. Er ist weg. Der Sonnenschirm, der schon meiner Mutter gehört hat. Der Sonnenschirm, den ich mehr schätze als – mehr als...« Sie war einfach außer sich. Der Kutscher wandte sich um, ein Lächeln auf seinem fröhlichen breiten Gesicht.

»Ich hab' auch etwas gehört«, sagte er schlicht, fröhlich. »Aber ich hab' gedacht, da Monsieur und Madame nichts sagten...«

»Da. Da hörst du's. Dann mußt du es auch gehört haben. So, *das* also erklärt das merkwürdige Lächeln auf deinem Gesicht...«

»Hör mal«, sagte er. »Er kann ja nicht weg sein. Wenn er herausgefallen ist, dann ist er auch noch da. Bleib, wo du bist. Ich hole ihn.«

Aber sie durchschaute ihn. Oh, wie sie ihn durchschaute!

»Nein, danke.« Und sie richtete ihren boshaften, lächelnden Blick auf ihn, ohne sich um den Kutscher zu kümmern. »Ich werde selbst gehen. Ich werde zurückgehen und ihn suchen, und daß du dich ja nicht unterstehst hinterherzukommen. Denn« – im Bewußtsein, daß der Kutscher nichts verstand, sprach sie leise, sanft – »wenn ich dir nicht eine Weile entfliehen kann, werde ich verrückt.«

Sie stieg aus dem Wagen. »Meine Handtasche.« Er reichte sie ihr.

»Madame zieht es vor...«

Aber der Kutscher hatte sich schon vom Bock herabgeschwungen und auf die Ufermauer gesetzt. Er las eine kleine Zeitung. Die Pferde standen da und ließen die Köpfe hängen. Es war still. Der Mann im Wagen streckte sich aus, verschränkte die Arme. Er spürte, wie die Sonne ihn an den Knien kitzelte. Der Kopf war ihm auf die Brust gesunken. »Hisch, hisch«, klang es vom Meer her. Der Wind seufzte einmal im Tal auf und war dann ruhig. Wie er so dalag, kam er sich ganz hohl vor, kam er sich wie ein ausgedörrter, ausgebrannter Mann vor, gleichsam wie Asche. Und »hisch, hisch« raunte die See.

Und da war es, daß er den Baum sah, daß er sich seiner Gegenwart bewußt wurde, gleich hinter einem Gartentor. Es war ein gewaltiger Baum mit einem runden, mächtigen silbernen Stamm, über den sich eine große Kuppel aus kupferfarbenem Laub wölbte, die das Licht zurückwarf und doch dunkel war. Hinter dem Baum schimmerte etwas hervor – etwas Weißes, Weiches, eine undurchsichtige Masse, halb verborgen – mit eleganten Pfeilern. Als er den Baum anschaute, fühlte er, wie sein Atem erstarb und er ein Teil dieser Stille wurde. Der Baum schien zu wachsen, er schien sich in der flirrenden Hitze auszudehnen, bis die großen gekerbten Blätter den Himmel verdeckten, und doch regte er sich nicht. Dann kam aus seinen Tiefen oder von ganz dahinten der Klang einer Frauenstimme. Eine Frau sang. Die warme, unbekümmerte Stimme wehte durch die Luft, und sie war ganz Teil der Stille, wie auch er ein Teil davon war. Als die Stimme anschwoll, weich, träumerisch, zart, wußte er mit einem Mal, daß sie aus den verborgenen Blättern zu ihm herüberwehte, und sein Friede zerbarst. Was widerfuhr ihm da? In seiner Brust regte sich etwas. Etwas Dunkles, etwas Unerträgliches und Schreckliches zerrte in seinem Herzen, und wie eine mächtige Pflanze wogte und trieb es dahin… warm, zum Ersticken. Er versuchte zu kämpfen, daran zu zerren, und im gleichen Augenblick – war alles vorbei. Tief, ganz tief versank er in die Stille, er starrte auf den Baum und wartete auf die Stimme, die daherflutete, fiel, bis er spürte, wie sie ihn ganz einhüllte.

Im schaukelnden Gang des Zuges. Es war Nacht. Der Zug stürmte und brauste durch die Dunkelheit dahin. Mit beiden Händen hielt er sich am Messinggeländer fest. Die Wagentür war offen.

»Beunruhigen Sie sich nicht, Monsieur. Er kommt schon herein und setzt sich hin, wenn er will. Er mag – er mag es – es ist seine Gewohnheit… *Oui, Madame, je suis un peu souffrante… Mes nerfs.* Ach, aber mein Mann ist nie so glücklich, wie wenn er auf Reisen ist. Er mag es, sich so durchzuschlagen… Mein Mann… Mein Mann…«

Die Stimmen murmelten und murmelten. Sie waren niemals still. Doch so groß war seine himmlische Glückseligkeit, wie er da stand, daß er wünschte, er möge ewig leben.

Der Fremde

Es schien der kleinen Schar am Kai, daß sich das Schiff nie wieder von der Stelle rühren würde. Da lag es, riesig, unbeweglich, auf dem grauen gekräuselten Wasser, eine Rauchfahne stand darüber, Scharen von Möven kreischten und tauchten nach den Abfällen aus der Kombüse am Heck. Gerade noch konnte man Pärchen umherschlendern sehen – kleine Fliegen, die auf dem Teller auf dem grauen gekräuselten Tischtuch hin und her spazierten. Andere Fliegen wimmelten in Schwärmen am Rande. Jetzt schimmerte etwas Weißes auf dem unteren Deck – vielleicht die Schürze des Kochs oder die Stewardess. Jetzt flitzte eine winzige schwarze Spinne die Leiter zur Brücke hinauf.

Vor der Menge stiefelte ein kräftig aussehender Mann mittleren Alters auf und ab und ließ den zusammengeklappten Schirm wirbeln. Er war ausnehmend gut, mit größter Sorgfalt gekleidet, grauer Mantel, grauer Seidenschal, dicke Handschuhe und dunkler Filzhut. Er schien der Anführer der kleinen Schar am Kai zu sein und sie zur gleichen Zeit zusammenzuhalten. Er war so etwas wie ein Zwischending zwischen Schäferhund und Schäfer.

Aber was für ein Trottel – was für ein ausgemachter Trottel war er doch, daß er den Feldstecher nicht mitgebracht hatte! Unter all diesen Leuten hier gab es nicht einen einzigen Feldstecher.

»Komisch, Mr. Scott, daß keiner von uns an ein Fernglas gedacht hat. Wir hätten sie vielleicht ein bißchen in Trab bringen können. Wir hätten vielleicht ein paar Signale zustande kriegen können. *Landet ruhig. Eingeborene harmlos.* Oder: *Herzlich willkommen. Alles ist vergeben und vergessen.* Was? Wie?«

Mr. Hammonds flinker, lebhafter Blick, so nervös und doch so freundlich und voller Vertrauen, umspannte jeden am Kai, bezog sogar die alten Kerle mit ein, die, über die Gangways gelehnt, müßig herumhingen. Sie wußten, jedermann von ihnen wußte, daß Mrs. Hammond auf diesem Schiff war, und er war so schrecklich aufgeregt, daß es ihm niemals in den Sinn gekommen wäre, nicht zu glauben, daß diese wundervolle Tatsache ihnen auch etwas bedeutete. Sein Herz erwärmte sich für sie. Sie waren, stellte er fest, ein genauso anständiger Haufen – diese alten Kerle da drüben bei den

Gangways ebenso – prima, solide alte Knaben. Was für Brustkästen – du lieber Gott! Und er machte seinen eigenen breit, versenkte die dick behandschuhten Hände in die Taschen und wippte mit den Füßen auf und ab.

»Ja, meine Frau ist die letzten zehn Monate in Europa gewesen. Zu Besuch bei unserer Ältesten, die vergangenes Jahr geheiratet hatte. Ich hab' sie hergebracht, bis nach Salisbury. Da hab' ich mir gedacht, daß ich sie lieber auch abholen sollte. Ja, ja, ja.« Die hellwachen grauen Augen verengten sich wieder, um gespannt, rasch das unbewegliche Schiff zu mustern. Und abermals knöpfte er den Mantel auf. Zum Vorschein kam wieder die schmale, buttergelbe Uhr, und zum zwanzigsten – fünfzigsten – hundertsten Male rechnete er.

»Also, wir wollen doch mal sehen. Es war Viertel drei, als die Barkasse mit dem Arzt losfuhr. Viertel drei. Jetzt ist es genau zwei Minuten vor halb fünf. Das heißt also, der Arzt ist schon zweieinhalb Stunden weg. Zweieinhalb Stunden! Uii-uh!« Er ließ ein eigenartiges kleines halbes Pfeifen hören und schnappte die Uhr wieder zu. »Aber ich finde, man hätte es uns sagen müssen, wenn irgend etwas los wäre – meinen Sie nicht auch, Mr. Gaven?«

»O ja, Mr. Hammond! Ich denke nicht, daß etwas – etwas los ist, worüber man sich Sorgen machen müßte«, sagte Mr. Gaven, wobei er die Pfeife am Absatz seines Schuhs ausklopfte. »Gleichzeitig –«

»Ganz recht! Ganz recht!« rief Mr. Hammond. »Verdammt ärgerlich!« Mit raschen Schritten lief er auf und ab und kehrte wieder zu seinem Platz zwischen Mr. und Mrs. Scott und Mr. Gaven zurück. »Es wird auch schon recht dunkel«, und er schwenkte den zusammengerollten Schirm, als ob die Dunkelheit wenigstens so anständig sein müßte, noch ein bißchen auf sich warten zu lassen. Aber langsam brach die Dämmerung herein, breitete sich sachte wie ein Fleck über das Wasser aus. Die kleine Jean Scott zerrte ihre Mutter an der Hand.

»Ich möchte meinen Tee, Mutti!« quengelte sie.

»Das glaub' ich dir«, meinte Mr. Hammond. »Ich glaube, daß all die Damen hier ihren Tee möchten.« Und sein freundlicher, lebhafter, beinahe mitleidsvoller Blick umspannte sie wieder alle. Er fragte sich, ob Janey eine letzte Tasse Tee im Salon da draußen trank. Hoffentlich! Er glaubte es aber nicht. Es sähe ihr ähnlich, das Deck nicht zu verlassen. In dem Falle würde ihr vielleicht der Decksteward eine Tasse nach oben bringen. Wenn er dagewesen wäre, hätte er ihr eine geholt – irgendwie. Und einen Augenblick lang war er an Deck, stand da und sah auf sie hinunter, sah zu, wie sich die kleine Hand in der ihr eigenen Art um die Tasse schloß, während sie die einzige Tasse Tee trank, die an Bord zu kriegen war... Aber jetzt war er wieder hier unten, und der Herrgott mochte wissen, wann dieser verfluchte Kapitän es aufgeben würde, da draußen auf dem Wasser herumzuliegen. Er drehte wieder eine kleine Runde, auf und ab, auf und ab. Er ging bis zum Taxistand, um sich zu vergewissern, daß sein Fahrer noch da war. Dann schwenkte er wieder um zu der kleinen Schar, die sich im Schutze der Bananenkisten zusammendrängte. Die kleine Jean Scott verlangte noch immer nach ihrem Tee. Armes Kerlchen! Er wünschte, er hätte ein Stückchen Schokolade mit.

»Hier, Jean!« sagte er. »Möchtest du mal hoch?« Und leicht, zart schwang er das kleine Mädchen auf ein höher gelegenes Faß hinauf. Und diese Bewegung, sie zu halten, sie hinzusetzen, daß sie nicht herunterfiel, verschaffte ihm ein wunderbares Gefühl der Erleichterung, ihm wurde freier ums Herz.

»Halt dich fest«, sagte er und legte schützend einen Arm um sie.

»Ach, plagen Sie sich doch nicht mit Jean ab, Mr. Hammond!« rief Mrs. Scott.

»Das geht schon in Ordnung, Mrs. Scott. Keine Sorge. Ist mir ein Vergnügen. Jean ist mein kleines Herzblatt, nicht wahr, Jean?«

»Ja, Mr. Hammond«, erwiderte Jean und fuhr mit dem Finger die Delle in seinem Filzhut lang.

Aber plötzlich packte sie ihn am Ohr und schrie laut auf. »Sehen Sie doch, Mr. Hammond! Das Schiff fährt los! Sehen Sie doch, es kommt herein!«

Weiß Gott! So war's. Endlich! Langsam, ganz langsam drehte es sich. Eine Glocke tönte weit über das Wasser, und eine große Dampfwolke puffte in die Luft. Die Möwen flogen auf. Wie weiße Papierschnitzel flatterten sie davon. Ob das dumpfe Pochen von den Motoren oder von seinem Herzen kam, konnte Mr. Hammond nicht sagen. Er mußte sich zusammenreißen, es zu ertragen, was es auch immer wäre. In dem Augenblick kam der alte Kapitän Johnson, der Hafenmeister, den Kai daherspaziert, eine Ledermappe unterm Arm.

»Lassen Sie Jean nur, ich halte sie«, sagte Mr. Scott, gerade zur rechten Zeit. Denn Mr. Hammond hatte Jean vergessen. Er stürzte los, um den alten Kapitän Johnson zu begrüßen.

»Na, Kapitän«, erklang wieder die beflissene, nervöse Stimme, »endlich erbarmen Sie sich unser.«

»Es ist sinnlos, mir Vorwürfe zu machen, Mr. Hammond«, schnaufte der alte Kapitän, den Blick auf das Schiff gerichtet. »Sie haben Mrs. Hammond an Bord, ja?«

»Ja, ja«, erwiderte Mr. Hammond und hielt sich an der Seite des Hafenmeisters. »Mrs. Hammond ist da drauf. Hallo! Jetzt dauert's nicht mehr lange!«

Mit Klingelingeling wie Telefongeläut hielt das große Schiff auf sie zu, erfüllte die Luft mit dem eintönigen Dröhnen der Schraube, zerteilte jäh das dunkle Wasser, so daß sich zu beiden Seiten mächtige weiße Schaumfetzen kringelten. Hammond und der Hafenmeister standen vor den anderen. Hammond nahm den Hut ab. Er suchte auf den Decks – auf denen sich die Passagiere dicht drängten; er schwenkte den Hut und brüllte ein lautes, seltsames »Hallo« über das Wasser, und dann drehte er sich um, brach in Lachen aus und sagte etwas – nichts – zum alten Kapitän Johnson.

»Haben Sie sie entdeckt?« fragte der Hafenmeister.

»Nein, noch nicht. Immer mit der Ruhe – warten wir noch ein Weilchen!« Und plötzlich schwenkte er zwischen zwei großen, schwerfälligen Idioten – »Weg da!« – wie zum Zeichen den Schirm – er sah eine erhobene Hand, einen weißen Handschuh mit einem Taschentuch winken. Noch einen Augenblick und dann – Gott sei Dank! Gott sei Dank! – da war sie. Dort war Janey. Dort stand Mrs. Hammond, ja, ja und nochmals ja – sie stand an der Reling und lächelte und nickte und schwenkte das Taschentuch.

»Na, das ist erster Klasse – erster Klasse! Nun ja, nun ja, nun ja!« Er stampfte doch wirklich mit den Füßen auf. Blitzschnell zog er sein Zigarrenetui heraus und hielt es dem alten Kapitän Johnson hin. »Nehmen Sie 'ne Zigarre, Kapitän! Die sind ganz gut. Nehmen Sie doch ein paar! Da« – und er drängte dem Hafenmeister alle Zigarren aus dem Etui auf –, »ich habe noch ein paar Kisten im Hotel.«

»Danke scheen, Mr. Hammond!« schnaufte der alte Kapitän Johnson.

Hammond steckte das Zigarrenetui wieder ein. Seine Hände zitterten, aber er hatte sich wieder gefangen. Er konnte Janey jetzt entgegentreten. Da war sie, sie lehnte an der Reling, unterhielt sich mit irgendeiner Frau, gleichzeitig aber sah sie zu ihm hin, war sie für ihn bereit. Als kein Abgrund mehr zwischen dem Schiff und dem Land gähnte, fiel ihm auf, wie klein sie auf dem riesigen Schiff aussah. Ihm preßte ein solcher Krampf das Herz zusammen, daß er am liebsten aufgeschrien hätte. Wie klein sie aussah, und doch war sie den ganzen weiten Weg zurückgekommen, ganz allein! Aber es paßte zu ihr. Paßte völlig zu Janey. Sie hatte den Mut eines – Und jetzt waren welche von der Mannschaft nach vorn gekommen und hatten die Passagiere getrennt. Sie hatten die Reling für die Gangways heruntergelassen.

Von Land und von Bord schwirrten die Stimmen durch die Luft, einander zu begrüßen.

»Alles in Ordnung?«

»Alles in Ordnung.«

»Wie geht's Mutter?«

»Viel besser.«

»Hallo, Jean!«

»He, Tante Emily!«

»Gute Reise gehabt?«

»Ausgezeichnet!«

»Jetzt hat's am längsten gedauert.«

»Gleich ist's soweit.«

Die Maschinen stoppten. Langsam schob sich das Schiff an den Pier heran.

»Platz da – Platz da – Platz da!« Und mit einem mächtigen Ruck ließen die Kaiarbeiter die Gangways aufprallen. Hammond machte Janey Zeichen, da zu bleiben, wo sie war. Der alte Hafenmeister tat ein paar Schritte nach vorn. Er folgte hinterdrein. Was ›zuerst die Damen‹ oder solchen Quatsch betraf, so wäre ihm das nie in den Sinn gekommen.

»Nach Ihnen, Kapitän!« rief er jovial. Und in den Fußtapfen des alten Mannes marschierte er über den Landungssteg hinauf an Deck, schnurgerade auf Janey zu, und Janey verschwand in seinen Armen.

»Na also, na also, na also! Ja, ja! Da wären wir endlich!« stammelte er. Das war alles, was er sagen konnte. Und Janey tauchte auf, und ihr kühles Stimmchen – für ihn die einzige Stimme auf der ganzen Welt – sagte: »Ach, Liebster! Hast du lange gewartet?«

Nein, nicht lange. Oder das war jedenfalls völlige Nebensache. Jetzt war's ja vorbei. Aber die Hauptsache war, am Ende des Piers wartete ein Taxi auf sie. War sie fertig, von Bord zu gehen? War ihr Gepäck fertig? In dem Falle könnten sie schnurstracks mit dem Handgepäck losziehen, der Rest hat Zeit bis morgen. Er beugte sich über sie, und sie sah mit dem vertrauten, halben Lächeln zu ihm auf. Sie war unverändert. Nicht einen Tag älter geworden. Genau, wie er sie immer gekannt hatte. Sie legte ihm ihre kleine Hand auf den Ärmel.

»Wie geht's den Kindern, John?« fragte sie.

(Zum Teufel mit den Kindern!) »Ausgezeichnet. So gut wie noch nie.«

»Haben sie mir keine Briefe mitgeschickt?«

»Ja, ja – natürlich! Ich habe sie im Hotel gelassen, du kannst sie dir später zu Gemüte führen.«

»Ganz so fix können wir aber nicht gehen«, sagte sie. »Ich muß mich noch von den Leuten verabschieden – auch vom Kapitän.« Als er ein enttäuschtes Gesicht zog, drückte sie ihm leicht und verständnisvoll den Arm. »Wenn der Kapitän von der Brücke herunterkommt, solltest du ihm ein paar Dankesworte sagen, daß er sich so großartig um deine Frau gekümmert hat.« Nun denn, er hatte sie wieder. Wenn es bei ihr noch zehn Minuten länger dauerte – Als er Platz machte, war sie sogleich umringt. Die ganze erste Klasse schien Janey auf Wiedersehen sagen zu wollen.

»Auf Wiedersehen, *liebste* Mrs. Hammond! Und wenn Sie das nächste Mal in Sydney sind, rechne ich *ganz fest* mit Ihnen.«

»Meine liebe Mrs. Hammond! Sie werden doch auf keinen Fall vergessen, mir zu schreiben?«

»Also, Mrs. Hammond, was wäre dieses Schiff ohne Sie gewesen!«

Es war sonnenklar, daß sie bei weitem die beliebteste Frau an Bord war. Und sie nahm das alles hin – ganz wie immer. Völlig gelassen. Ganz das kleine Persönchen – ganz und gar Janey; da stand sie, den Schleier zurückgeworfen. Hammond achtete nie darauf, was seine Frau anhatte. Was sie auch trug, es war ihm einerlei. Heute jedoch bemerkte er, daß sie ein schwarzes ›Kostüm‹ trug – so hieß das doch? – mit weißen Rüschen, zur Verzierung war das wohl, an Hals und Ärmeln. All das, während Janey ihn herumreichte.

»John, Lieber!« Und dann: »Darf ich vorstellen –«

Schließlich hatten sie Reißaus genommen, und sie ging ihm zu ihrer Kabine voran. Janey den Gang entlang zu folgen, den sie so gut kannte – das war ihm sehr merkwürdig; die grünen Vorhänge hinter ihr zu zerteilen und in die Kabine einzutreten, die ihre gewesen war, bereitete ihm ein ganz außerordentliches Glücksgefühl. Aber – verdammt! – da auf dem Fußboden kniete die Stewardess und band die Reisedecken zusammen.

»Das ist die letzte, Mrs. Hammond«, sagte die Stewardess, sie erhob sich und zog die Ärmelaufschläge herunter.

Wieder wurde er vorgestellt, und dann verschwanden Janey und die Stewardess im Gang. Er hörte Geflüster. Sie regelte vermutlich die Trinkgeldsache. Er setzte sich auf das gestreifte Sofa und nahm den Hut ab. Da lagen die Decken, die sie mitgenommen hatte; sie sahen so gut wie neu aus. Ihr ganzes Gepäck sah frisch aus, untadelig. Die Anhänger waren in ihrer schönen klaren kleinen Schrift geschrieben – ›Mrs. John Hammond‹.

»Mrs. John Hammond!« Er tat einen langen Seufzer der Zufriedenheit und lehnte sich zurück, die Arme verschränkt. Die Anspannung war vorbei. Ihm war, als hätte er ewig so dasitzen können und erleichtert seufzen – erleichtert, weil er dieses schreckliche Ziehen, Zerren, diese Klammer um sein Herz los war. Die Gefahr war vorüber. So war ihm zumute. Sie waren wieder am trockenen Ufer.

Aber in dem Augenblick guckte Janeys Kopf um die Ecke.

»Lieber, hast du etwas dagegen? Ich möchte mich nur vom Arzt verabschieden gehen.«

Hammond schreckte hoch. »Ich komme mit.«

»Nein, nein!« wehrte sie ab. »Bemüh dich nicht. Lieber nicht. Ich bin gleich wieder da.«

Und ehe er noch antworten konnte, war sie weg. Er hatte nicht übel Lust, ihr nachzulaufen; aber statt dessen setzte er sich wieder hin.

Wäre sie wirklich gleich wieder da? Wie spät war es jetzt? Die Uhr kam zum Vorschein; er starrte ins Leere. Das war schon wirklich recht merkwürdig von Janey! Warum hatte sie nicht die Stewardess beauftragen können, für sie auf Wiedersehen zu sagen? Warum mußte sie denn hinter dem Schiffsarzt herjagen? Sie hätte ihm ja auch vom Hotel ein paar Zeilen schicken können, wenn die Sache so dringend war. Dringend? Konnte das etwa heißen, daß sie unterwegs krank gewesen war – daß sie ihm etwas verheimlichte? Das war's! Er ergriff den Hut. Er wollte den Kerl suchen, um, koste es, was es wolle, die Wahrheit aus ihm herauszupressen. Ihm war, als hätte er etwas gemerkt. Sie schien ihm um eine Spur zu ruhig – zu beherrscht. Vom ersten Augenblick an –

Die Vorhänge klirrten. Janey war wieder da. Er sprang auf.

»Janey, bist du auf dieser Reise krank gewesen? Du warst's!«

»Krank?« Ihre zarte kleine Stimme verspottete ihn. Sie stieg über die Decken, trat dicht an ihn heran, tippte ihm an die Brust und sah zu ihm auf.

»Liebling«, sagte sie, »mach mir doch keine Angst. Natürlich war ich nicht krank! Wie kommst du nur darauf? Seh' ich denn etwa krank aus?«

Aber Hammond sah sie nicht. Er spürte nur, daß sie ihn anblickte und daß es nicht nötig war, sich irgendwelche Sorgen zu machen. Sie war hier, um nach dem Rechten zu sehen. Es war in Ordnung. Alles war in Ordnung.

Der zärtliche Druck ihrer Hand war so beruhigend, daß er seine darüberlegte, um sie dort festzuhalten. Und sie sagte: »Nun bleib mal ruhig stehen! Ich möchte dich anschauen. Ich hab' dich doch noch gar nicht richtig gesehn! Du hast dir den Bart wunderbar stutzen lassen, und du siehst – jünger aus, denk' ich, und ganz entschieden schlanker. Das Junggesellenleben bekommt dir.«

»Bekommt mir!« Er stöhnte vor lauter Liebe und zog sie wieder ganz dicht an sich heran. Und wieder, wie immer, war ihm, er hielte da etwas, das niemals ganz sein wäre – sein. Etwas gar zu Köstliches, gar zu Wertvolles, das davonflöge, sobald er losließe.

»Um Gottes willen, laß uns doch zum Hotel gehen, damit wir endlich für uns sind!« Und heftig läutete er, damit jemand käme, sich ums Gepäck zu kümmern.

Als sie zusammen den Pier entlanggingen, hängte sie sich bei ihm ein. Da hatte er sie wieder an seinem Arm. Und wie völlig anders es doch war, nach Janey in den Wagen zu steigen – die rot und gelb gestreifte Decke über sie beide zu breiten – den Fahrer zur Eile zu mahnen, weil sie beide noch keinen Tee gehabt hatten. Er brauchte nicht mehr ohne seinen Tee loszugehen noch ihn sich selbst einzuschenken. Sie war wieder da. Er wandte sich ihr zu, drückte ihr die Hand und sagte zärtlich, neckend, mit der ›speziellen‹ Stimme, wie er sie für sie hatte: »Froh, wieder zu Hause zu sein, mein Schatz?« Sie lächelte; sie machte sich nicht einmal die Mühe zu antworten, sondern schob sanft seine Hand fort, als sie in die besser beleuchteten Straßen kamen.

»Wir haben das beste Zimmer im Hotel«, sagte er. »Mit einem andern hätte ich mich nicht abspeisen lassen. Und ich hab' das Zimmermädchen gebeten, ein bißchen Feuer zu machen, für den Fall, daß dir's kalt wäre. Sie ist ein nettes, gefälliges Ding. Und ich hab' mir gedacht, daß wir jetzt, da wir einmal hier sind, nicht unbedingt morgen heimfahren, sondern den Tag damit verbringen, uns etwas anzusehen, und dann erst am Morgen drauf fahren. Ist dir das recht? Wir haben's doch nicht so eilig, oder? Die Kinder haben dich noch früh genug... Ich dachte, ein Tag für Besichtigungen wäre eine nette Unterbrechung auf deiner Reise – ja, Janey?«

»Hast du die Karten für übermorgen schon gekauft?« fragte sie.

»Das möcht' ich meinen!« Er knöpfte den Mantel auf und zog seine dickbauchige Brieftasche heraus. »Da hätten wir's! Ich habe ein Abteil erster Klasse nach Cooktown reserviert. Hier – ›Mr. *und* Mrs. John Hammond‹. Ich fand, wir könnten es uns auch genausogut bequem machen, und wir wollen doch auch nicht, daß ständig andere Leute hereinplatzen. Aber wenn du hier noch etwas länger bleiben willst –?«

»O nein!« wehrte Janey rasch ab. »Nicht um alles in der Welt! Dann eben übermorgen. Und die Kinder –«

Da waren sie aber beim Hotel angelangt. Auf der breiten, strahlend hell erleuchteten Veranda stand der Direktor. Er kam herab, um sie zu begrüßen. Ein Portier lief aus der Halle herbei nach ihrem Gepäck.

»Nun, Mr. Arnold, da wäre nun endlich Mrs. Hammond!«

Der Direktor geleitete sie selbst durch die Halle und drückte die Fahrstuhlklingel. Hammond wußte, Geschäftsfreunde von ihm saßen jetzt im Vestibül, um vor dem Dinner noch etwas zu trinken. Aber er wollte auf gar keinen Fall eine Störung riskieren, er sah weder nach rechts noch nach links. Mochten sie doch denken, was sie wollten.

Wenn sie dafür kein Verständnis hätten, dann wären sie größere Trottel – und er stieg aus dem Fahrstuhl, schloß die Tür zu ihrem Zimmer auf und geleitete Janey sorgsam hinein. Die Tür schloß sich. Jetzt waren sie endlich miteinander allein. Er drehte das Licht an. Die Vorhänge waren zugezogen, das Feuer flackerte hell. Er schleuderte den Hut auf das geräumige Bett und trat zu ihr.

Aber – kaum zu glauben! wieder wurden sie gestört. Diesmal war es der Portier mit dem Gepäck. Er machte zwei Touren daraus, ließ zwischendurch die Tür offenstehen, nahm sich Zeit, pfiff auf dem Korridor durch die Zähne. Hammond schritt im Zimmer auf und ab, zerrte sich die Handschuhe herunter, riß sich den Schal ab. Schließlich schleuderte er den Mantel auf die Bettkante.

Endlich war dieser Idiot weg. Die Tür klappte zu. Jetzt waren sie wirklich allein. Hammond sagte: »Mir ist, als ob ich dich nie wieder für mich allein hätte. Diese verdammten Leute! Janey«, und er senkte den brennenden, aufgeregten Blick zu ihr hinab, »wir wollen hier oben essen. Wenn wir ins Restaurant hinuntergehen, werden wir gestört, und dann ist da unten diese vermaledeite Musik.« (Die Musik, die er gestern abend so hoch gepriesen, der er so laut Beifall gespendet hatte!) »Wir können unsere eigenen Worte nicht hören. Essen wir doch hier oben vor dem Feuer. Für Tee ist's zu spät. Ich werde ein kleines Abendessen bestellen, ja? Wie gefällt dir das?«

»Tu das, Liebling!« stimmte Janey zu. »Und wenn du weg bist – die Briefe der Kinder –«

»Ach, die haben noch Zeit!« sagte Hammond.

»Aber dann hätten wir's hinter uns«, meinte Janey. »Und ich hätte erst mal Zeit, um zu –«

»Ach, ich brauche nicht runterzugehen«, erklärte Hammond. »Ich werde nur läuten und die Bestellung aufgeben... du willst mich doch nicht gar wegschicken?«

Janey schüttelte lächelnd den Kopf.

»Aber du denkst an irgend etwas anderes. Du machst dir um irgend etwas Sorgen«, sagte Hammond. »Was ist los? Komm und setz dich hierher – komm her ans Feuer und setz dich auf mein Knie.«

»Ich will nur den Hut abnehmen«, sagte Janey und ging zum Frisiertisch hinüber. »A-ah!« Ein leiser Aufschrei.

»Was ist?«

»Nichts, Liebling. Ich hab' eben die Briefe der Kinder gefunden. Ist schon in Ordnung. Sie reißen nicht aus. Das eilt jetzt nicht.« Die Briefe in der Hand, wandte sie sich zu ihm. Sie steckte sie in ihre gerüschte Bluse. Lebhaft, fröhlich rief sie: »Ach, wie typisch für dich, dieser Frisiertisch!«

»Wieso? Was ist denn damit?« fragte Hammond.

»Wenn er in der Ewigkeit angeschwebt käme, würde ich sagen: ›John!‹« lachte Janey, den Blick auf die große Flasche Haarwasser, die Korbflasche mit Kölnischwasser, die beiden Haarbürsten und ein Dutzend mit rosarotem Band zusammengebundener Kragen geheftet. »Ist das dein ganzes Gepäck?«

»Zum Teufel mit meinem Gepäck!« rief Hammond; aber trotzdem hatte er es gern, wenn Janey sich über ihn lustig machte. »Reden wir doch endlich miteinander. Kommen wir zur Sache. Sag mir« – und als sich Janey auf seine Knie setzte, ließ er sich zurückfallen und zog sie in den tiefen, häßlichen Sessel – »sag mir, daß du dich wirklich freust, wieder da zu sein, Janey.«

»Ja, Lieber, ich freue mich«, erwiderte sie.

Aber genauso, wie er das Gefühl hatte, sie würde davonfliegen, wenn er sie in den Armen hielt, so wußte Hammond nie ganz genau, wußte er einfach nie, ob sie sich ebenso freute wie er. Wie sollte er es auch wissen? Würde er es jemals wissen? Hätte er denn immer dieses verzehrende Verlangen – diesen stechenden Schmerz, dem Hunger ähnlich, Janey irgendwie so sehr zu einem Teil von sich werden zu lassen, daß nichts von ihr übrigblieb, um sich ihm zu entziehen? Nichts und niemand anders sollte auch nur das geringste von ihr abhaben. Er wünschte jetzt, daß er das Licht ausgedreht hätte. Das hätte sie ihm vielleicht nähergebracht. Und jetzt raschelten auch noch diese Briefe von den Kindern in ihrer Bluse. Am liebsten hätte er sie ins Feuer geworfen.

»Janey«, flüsterte er.

»Ja, Liebster?« Sie lag an seiner Brust, aber so leicht, so entrückt. Beider Atem kam und ging gemeinsam.

»Janey!«

»Was ist?«

»Dreh dich zu mir«, flüsterte er. Langsam überzog eine tiefe Röte seine Stirn. »Küß mich, Janey! Du mußt mich küssen!«

Ihm schien, als wäre da eine winzige Pause verstrichen – lang genug aber, daß er Qualen erlitt –, ehe ihr Mund den seinen berührte, fest und leicht, ehe sie ihn küßte, wie sie es immer tat, als ob der Kuß – wie konnte er das nur in Worte fassen? – bekräftigte, was der Mund sagte, den Kontakt besiegelte. Aber das war es nicht, wonach ihn verlangte. Das war es ganz und gar nicht, wonach er sich verzehrte. Auf einmal fühlte er sich ungeheuer müde.

»Wenn du wüßtest«, sagte er und öffnete die Augen, »wie das heute gewesen ist – diese Warterei. Ich dachte schon, das Schiff legte nie an. Da waren wir nun und hingen herum. Was hat euch denn so lange aufgehalten?«

Sie gab keine Antwort. Sie sah von ihm weg ins Feuer. Hurtig, hurtig züngelten die Flammen über die Kohlen, flackerten auf, fielen zusammen.

»Du schläfst doch nicht gar?« fragte Hammond und schaukelte sie auf seinen Knien.

»Nein«, sagte sie. Und dann: »Bitte nicht, Lieber. Nein, ich war nur in Gedanken. Um die Wahrheit zu sagen«, fuhr sie fort, »gestern abend ist einer der Passagiere gestorben – ein Mann. Das war's, was uns aufgehalten hat. Wir haben ihn hereingebracht – ich meine, er wurde nicht auf See begraben. So haben natürlich der Schiffsarzt und der Hafenarzt –«

»Was hatte er denn?« fragte Hammond unbehaglich. Er haßte es, von Tod zu hören. Er haßte es, daß das passiert war. Irgendwie komisch, aber es war, als wären Janey und er auf dem Weg zum Hotel einem Trauerzug begegnet.

»Ach, es war ganz und gar nichts Ansteckendes«, antwortete Janey. Sie flüsterte fast. »Es war das Herz.« Pause. »Armer Kerl!« sagte sie. »Ziemlich jung.« Und sie sah dem Feuer zu, wie es aufflakkerte und versank. »Er starb in meinen Armen.«

Der Schlag kam so unerwartet, daß Hammond dachte, er würde ohnmächtig. Er konnte sich nicht rühren; er kriegte keine Luft. Er spürte, wie die ganze Kraft aus ihm strömte – in den mächtigen dunklen Sessel strömte, und der große dunkle Sessel hielt ihn fest, schlug ihn wie in Fesseln, zwang ihn, es zu ertragen.

»Was?« fragte er tonlos. »Was sagst du da?«

»Das Ende war ganz friedlich«, ließ sich die kleine Stimme hören. »Er hat einfach nur«, und Hammond sah, wie sie die zarte Hand hochhob, »am Schluß sein Leben ausgehaucht.« Und die Hand fiel herab.

»Wer – war noch dabei?« brachte Hammond fertig zu fragen.

»Niemand. Ich war mit ihm allein.«

Oh, mein Gott, was sagte sie da! Was tat sie ihm da nur an! Das würde ihn umbringen. Und die ganze Zeit redete sie: »Ich hab' gesehn, wie es anders wurde, und ich habe den Steward nach dem Arzt geschickt, aber der Arzt kam zu spät. Er hätte sowieso nichts tun können.«

»Aber – warum denn du, warum denn ausgerechnet du?« stöhnte Hammond.

Bei diesen Worten wandte sich Janey rasch um, rasch durchforschte sie sein Gesicht.

»Das macht dir doch nicht gar etwas aus, John?« fragte sie. »Du bist doch nicht – das hat doch mit uns beiden nichts zu tun.«

Irgendwie brachte er es fertig, für sie so etwas wie ein Lächeln zusammenzukratzen. Irgendwie stammelte er: »Nein – w-weiter, w-weiter! Du sollst mir alles erzählen.«

»Aber, John, Liebster –«

»Erzähl mir's, Janey!«

»Da gibt es nichts zu erzählen«, erwiderte sie erstaunt. »Er war einer von den Passagieren der ersten Klasse. Ich hab' gesehn, daß er sehr krank war, als er an Bord kam... Aber bis gestern schien es ihm so viel besserzugehen. Am Nachmittag hatte er einen schweren Anfall – vermutlich Aufregung – Nervosität wegen der Ankunft. Und danach hat er sich nicht wieder erholt.«

»Aber warum hat denn nicht die Stewardess –«

»Ach, mein Liebster – die Stewardess!« sagte Janey. »Wie wäre ihm da zumute gewesen? Und außerdem … es hätte ja auch sein können, daß er noch etwas sagen wollte … daß –«

»Hat er nicht?« murmelte Hammond. »Hat er nichts mehr gesagt?«

»Nein, Liebling, kein Wort!« Sachte schüttelte sie den Kopf. »Die ganze Zeit über, die ich bei ihm war, war er zu schwach … war er zu schwach, auch nur einen Finger zu rühren …«

Janey schwieg. Doch ihre Worte, so leicht, so sanft, so kühl, schienen in der Luft zu schweben, wie Schnee in seine Brust zu fallen.

Das Feuer war zu roter Glut geworden. Mit lautem Knistern fiel es jetzt in sich zusammen, und es wurde kühler im Zimmer. Kälte kroch ihm die Arme hoch. Das Zimmer war riesengroß, ungeheuerlich, glitzernd. Es füllte seine ganze Welt aus. Dort das große leere Bett, darüber hingeworfen sein Mantel, wie ein Mann ohne Kopf, der sein Gebet aufsagt. Dort das Gepäck, es wartete gleichsam darauf, abermals weggetragen zu werden, irgendwohin, in Züge verfrachtet, auf Schiffe gehievt zu werden.

… ›Er war zu schwach. Er war zu schwach, einen Finger zu rühren.‹ Und doch ist er in Janeys Armen gestorben. Sie – die nie – niemals in all den Jahren – nie auch nur ein einziges Mal –

Nein, daran durfte er nicht denken. Der Gedanke daran war Wahnsinn. Nein, er wollte es sich nicht vorstellen. Er könnte es nicht aushalten. Es war einfach zu unerträglich!

Und jetzt zupfte Janey mit der Hand an seiner Krawatte. Sie drückte die Enden zusammen.

»Du – du bedauerst doch nicht, daß ich dir das erzählt habe, liebster John? Es hat dich doch nicht traurig gemacht? Es hat nicht unseren Abend verdorben – unser Beisammensein allein?«

Aber da mußte er das Gesicht verbergen. Er preßte das Gesicht an ihre Brust, und seine Arme umfingen sie.

Ihren Abend verdorben! Ihr Alleinsein verdorben! Nie wieder würden sie miteinander allein sein.

Ehe à la mode

Auf dem Weg zum Bahnhof durchfuhr William erneut schmerzhafte Enttäuschung, als er daran dachte, daß er den Kindern gar nichts mitbrächte. Arme kleine Kerle! Es war schwer für sie. Immer waren ihre ersten Worte, wenn sie zur Begrüßung herbeigerannt kamen: »Was hast du mir mitgebracht, Pappi?«, und er hatte nichts. Er würde ihnen auf dem Bahnhof ein paar Süßigkeiten kaufen müssen. Aber das hatte er ja schon die letzten vier Sonnabende getan. Das letzte Mal hatten sie lange Gesichter gezogen, als sie dieselben alten Packungen zum Vorschein kommen sahen.

Und Paddy hatte gesagt: »Schon wieder mit roten Streifen!«

Und Johnny hatte gemeint: »Meins ist immer rosa. Ich mag aber kein Rosa.«

Aber was sollte William denn bloß machen? So einfach war das Ganze nämlich nicht. Früher hätte er natürlich ein Taxi genommen, wäre zu einem anständigen Spielzeugladen gefahren und hätte in fünf Minuten etwas für sie rausgesucht. Aber heutzutage hatten sie russische Spielsachen, französische Spielsachen, serbische Spielsachen – Spielsachen von Gott weiß woher. Es war über ein Jahr her, daß Isabel die alten Esel und Lokomotiven und was nicht alles noch ausrangiert hatte, weil sie so ›fürchterlich sentimental‹ und so ›ungeheuer schlecht für das Formempfinden der Kleinen‹ seien.

»Es ist so wichtig«, hatte die neue Isabel erklärt, »daß ihnen von Anfang an die richtigen Dinge gefallen. Das spart später so viel Zeit. Wirklich, wenn die armen Lieblinge ihre Kinderjahre damit zubringen müssen, diese Greuel anzustarren, kann man sich gut vorstellen, wie sie heranwachsen und darum bitten, daß man ihnen die Königliche Akademie zeigt.«

Und sie redete, als ob ein Besuch der Königlichen Akademie unverzüglich den sicheren Tod für jeden bedeutete …

»Nun, ich weiß nicht«, sagte William bedächtig. »Als ich so alt war wie sie, habe ich immer ein altes, zusammengeknotetes Handtuch mit ins Bett genommen und gestreichelt.«

Die neue Isabel warf ihm einen Blick zu, die Augen zusammengekniffen, den Mund offen.

»Liebster William! Das glaube ich dir gern!« Sie lachte auf die neue Art.

Also müßten es doch Süßigkeiten sein, dachte William düster, als er in seiner Tasche nach Kleingeld für den Taxifahrer kramte. Und er sah die Kinder vor sich, wie sie die Schachteln herumreichten – die Kerlchen waren furchtbar großzügig –, während sich Isabels noble Freunde in keiner Weise scheuten zuzugreifen...

Wie wäre es mit Obst? William zögerte vor einem Stand gleich im Bahnhof drin. Wie wäre es mit einer Melone für jeden? Müßten sie auch davon abgeben? Oder eine Ananas für Pad und eine Melone für Johnny? Isabels Freunde könnten sich doch kaum zu den Mahlzeiten der Jungen ins Kinderzimmer hinaufschleichen. Wie dem auch sei, als William die Melone kaufte, hatte er die schreckliche Vision, wie einer von Isabels jungen Dichtern, aus irgendeinem unerfindlichen Grund, hinter der Kinderzimmertür eine Melonenscheibe aufschlapperte.

Mit den beiden unhandlichen Paketen marschierte er dann zu seinem Zug. Der Bahnsteig wimmelte von Menschen, der Zug war da. Türen knallten auf und zu. Von der Lokomotive kam ein so gewaltiges Zischen, daß die Leute ganz benommen dreinschauten, als sie hin und her hasteten.

William steuerte stracks auf ein Raucherabteil erster Klasse zu, verstaute seinen Koffer und die Pakete, zog einen großen Packen zerknüllter Unterlagen aus seiner Innentasche, ließ sich auf einen Eckplatz fallen und begann zu lesen.

›Unser Klient ist überdies sicher... Wir sind geneigt, neuerlich zu erwägen... im Falle des –‹ Ach, das war besser. William strich sich das glatt anliegende Haar zurück und streckte die Beine quer über den Abteilboden aus. Der vertraute, dumpf nagende Schmerz in seiner Brust ließ nach. ›Bezug nehmend auf unseren Beschluß –‹ Er zog einen blauen Stift heraus, und bedächtig strich er einen Absatz an.

Zwei Männer kamen herein, stiegen über seine Beine weg und strebten auf die andere Ecke zu. Ein junger Bursche warf seine Golfschläger ins Gepäcknetz und setzte sich ihm gegenüber. Der Zug ruckte leicht, sie fuhren. William blickte auf und sah den heißen, gleißenden Bahnhof entschwinden. Ein Mädchen mit rotem Gesicht lief neben dem Wagen her, etwas Angespanntes und beinahe Verzweifeltes lag in ihrem Winken und Rufen. ›Hysterisch!‹ dachte William träge. Dann grinste ein ölbeschmierter Arbeiter, ganz schwarz im Gesicht, am Bahnsteigende dem vorbeifahrenden Zug hinterher. Und William dachte: ›Ein scheußliches Leben!‹ und kehrte zu seinem Papierkram zurück.

Als er wieder aufsah, waren da Felder, und Vieh hatte vor der Sonne unter den dunklen Bäumen Schutz gesucht. Ein breiter Fluß, an dessen seichten Stellen nackte Kinder planschten, kam in Sicht und glitt wieder vorbei. Fahl schimmerte der Himmel, und wie ein dunkler Fleck in einem Edelstein flog hoch oben ein einzelner Vogel.

›Nach eingehender Überprüfung des Schriftwechsels unseres Klienten …‹ Der letzte Satz, den er gelesen hatte, hallte in seinem Kopf nach. ›Nach eingehender Überprüfung …‹ William klammerte sich an diesen Satz, aber das nützte nichts; mittendrin machte es klick!, und die Felder, der Himmel, die dahinsegelnden Vögel, das Wasser, alles sagte: »Isabel.« Dasselbe widerfuhr ihm jeden Sonnabendnachmittag. Wenn er auf dem Weg zu Isabel war, begannen diese unzähligen eingebildeten Wiedersehen. Sie war am Bahnhof, ein bißchen nur stand sie abseits von allen anderen; sie saß draußen im offenen Taxi; sie war am Gartentor; sie ging über das verdorrte Gras; an der Tür oder noch in der Halle.

Und ihre klare, helle Stimme sagte: »Es ist William« oder »Hallo, William!« oder »William ist da!« Er strich ihr über die kühle Hand, die kühle Wange.

Isabels köstliche Frische! Als kleiner Junge hatte er riesiges Vergnügen daran gefunden, nach dem Regen in den Garten zu laufen und den Rosenbusch über sich zu schütteln. Isabel war dieser Rosenstrauch, weich wie Blütenblätter, glitzernd und kühl. Und er war noch immer der kleine Junge. Aber jetzt lief er nicht in den Garten hinaus, es gab kein Lachen, kein Schütteln. In seiner Brust begann wieder der dumpfe, unaufhörlich nagende Schmerz. Er zog die Beine heran, warf die Papiere beiseite und schloß die Augen.

»Was ist los, Isabel? Was ist denn nur los?« fragte er zärtlich. Sie waren im Schlafzimmer, in ihrem neuen Haus. Isabel saß vor dem Toilettentisch auf einem mit Farbe angestrichenen Hocker. Der Toilettentisch war mit schwarzen und grünen Schächtelchen übersät.

»Was soll denn sein, William?« Und sie beugte sich vor, das feine helle Haar fiel ihr ins Gesicht.

»Ach, du weißt schon!« Er stand inmitten dieses fremden Zimmers und kam sich auch wie ein

Fremder vor. Da schnellte Isabel herum und sah ihm ins Gesicht.

»Ach, William!« rief sie flehend, und sie hielt die Haarbürste hoch. »Bitte! Bitte, sei doch nicht so schrecklich spießig und – tragisch. Immer sagst du oder guckst du so oder gibst sonstwie zu verstehen, daß ich anders geworden sei. Bloß weil ich wirklich Gleichgesinnte kennengelernt habe und mehr unternehme und mich für – für alles furchtbar interessiere, benimmst du dich, als ob ich« – Isabel warf mit einem Schwung ihr Haar zurück und lachte – »unsere Liebe getötet hätte oder so etwas. Das ist so schrecklich albern« – sie biß sich auf die Lippen –, »und das macht einen ganz verrückt, William. Sogar wegen des neuen Hauses und der Dienstboten brummelst du herum.«

»Isabel!«

»Ja, ja, das ist schon so«, sagte Isabel rasch. «Du denkst, sie seien ein weiteres schlechtes Zeichen. Oh, ich weiß, daß du so denkst. Ich spüre es«, fuhr sie leise fort, »jedesmal, wenn du die Treppe raufkommst. Aber wir hätten doch nicht länger in dem anderen engen kleinen Loch wohnen bleiben können, William. Sei wenigstens praktisch! Also, da war doch noch nicht einmal genug Platz für die Kinder.«

Ja, das stimmte. Jeden Vormittag, wenn er vom Gericht nach Hause kam, fand er die Kinder mit Isabel in dem hinteren Wohnzimmer. Sie ritten da auf dem Leopardenfell, das über die Sofalehne geworfen war, oder sie spielten Kaufmannsladen, Isabels Schreibtisch war der Ladentisch, oder Pad saß auf dem Teppich vor dem Kamin und ruderte mit einer kleinen Kohlenschaufel aus Messing wie ums liebe Leben, während Johnny mit der Zange auf Piraten schoß. Und abends ging's dann im Huckepack die schmale Stiege hinauf zu ihrer dikken alten Nanny.

Ja, es war sicherlich ein enges kleines Haus gewesen. Ein weißes Häuschen mit blauen Vorhängen, vor dem Fenster ein Blumenkasten mit Petunien. William empfing ihre Freunde an der Tür mit den Worten: »Unsere Petunien schon gesehen? Ganz schön gewaltig für London, meint ihr nicht auch?«

Verrückt, völlig unverständlich aber war, daß er nicht die leiseste Ahnung davon gehabt hatte, daß Isabel nicht genauso glücklich war wie er. Mein Gott, so blind zu sein! Damals war er nicht im entferntesten auf die Idee gekommen, daß sie in Wirklichkeit dieses unbequeme kleine Haus haßte, daß sie der Meinung war, die dicke Nanny würde die Kinder verziehen, daß sie sich verzweifelt einsam fühlte, sich nach neuen Menschen und neuer Musik und Bildern und so weiter sehnte. Wenn sie nicht zu diesem Atelierfest bei Moira Morrison gegangen wären – wenn Moira Morrison beim Abschied nicht gesagt hätte: »Ich werde Ihre Frau retten, Sie Egoist. Sie ist wie eine köstliche kleine Titania« – wenn Isabel nicht mit Moira nach Paris gefahren wäre – wenn – wenn ...

Der Zug hielt erneut an einem Bahnhof. Bettingford. Du lieber Himmel! In zehn Minuten wären sie da. William stopfte den Papierkram wieder in seine Taschen. Der junge Mann ihm gegenüber war schon längst verschwunden. Jetzt stiegen die beiden anderen aus. Die Spätnachmittagssonne beschien Frauen in Baumwollkleidern und braungebrannte, barfüßige kleine Kinder. Sie strahlte auf eine seidige gelbe Blume mit rauhen Blättern herab, die einen felsigen Hang überwucherte. Die Luft, die ungestüm durch die Fenster hereinwehte, roch nach Meer. Ob Isabel dieses Wochenende wohl dieselben Leute da hätte, fragte sich William.

Und er dachte daran, wie sie früher ihre Ferien verbracht hatten, sie vier, dazu Rose, das kleine Bauernmädchen, um die Kinder zu betreuen. Isabel trug eine Strickjacke und das Haar in einem Zopf. Sie sah ungefähr wie vierzehn aus. Du lieber Gott! wie sich seine Nase immer schälte! Und was für Mengen sie aßen, und was für Mengen sie schliefen in dem mächtigen Federbett, ihre beiden Füße umeinander verschränkt... William konnte ein düsteres Lächeln nicht unterdrücken, als er sich Isabels Entsetzen vorstellte, wenn sie um das ganze Ausmaß seiner Sentimentalität wüßte.

»Hallo, William!« Sie war also doch auf dem Bahnhof; wie er es sich vorgestellt hatte, stand sie ein kleines Stück abseits von den anderen, und – Williams Herz machte einen Satz – sie war allein.

»Hallo, Isabel!« William starrte sie an. Er fand, sie sehe so schön aus, daß er etwas sagen müsse. »Du siehst so kühl aus.«

»Ja?« erwiderte Isabel. »Mir ist aber gar nicht sehr kühl. Komm, dein schrecklicher alter Zug hat Verspätung. Das Taxi ist draußen.« Sie legte ihm leicht die Hand auf den Arm, als sie am Fahrkartenkontrolleur vorbeigingen. »Wir sind alle gekommen, um dich abzuholen. Aber Bobby Kane haben wir im Süßwarenladen gelassen, wir müssen dort vorbeifahren.«

»Oh!« sagte William. Das war alles, was er im Augenblick hervorbringen konnte.

Im grellen Sonnenlicht wartete das Taxi, Bill Hunt und Dennis Green lümmelten auf der einen Seite, den Hut ins Gesicht gezogen, während auf der anderen, mit einem Hut wie eine Riesenerdbeere, Moira Morrison auf und ab hüpfte.

»Kein Eis! Kein Eis! Kein Eis!« rief sie fröhlich.

Und Dennis fiel unter dem Hut hervor ein: »Gibt's nur im Fischladen.«

Und mit den Worten: »Mit *ganzem* Fisch drin«, tauchte Bill Hunt auf.

»Ach, wie dumm!« jammerte Isabel. Und sie erklärte William, wie sie die ganze Stadt nach Eis abgeklappert hatten, während sie auf ihn gewartet hatte. »Einfach alles läuft die steilen Klippen hinab ins Meer, von der Butter angefangen.«

»Wir werden uns mit der Butter einfetten müssen«, sagte Dennis. »Möge es Ihrem Kopf, William, nicht an Fett fehlen.«

»Hört mal«, fragte William, »wie sollen wir sitzen? Ich geh wohl lieber zum Fahrer vor.«

»Nein, Bobby Kane sitzt beim Fahrer«, sagte Isabel. »Du setzt dich zwischen Moira und mich.« Das Taxi fuhr los. »Was hast du denn da in den geheimnisvollen Paketen?«

»Ab-ge-schla-ge-ne Köp-fe!« ließ sich Bill Hunt hören, er schüttelte sich unter seinem Hut.

»Oh, Obst!« Isabel klang sehr zufrieden. »Kluger William! Eine Melone und eine Ananas! Das ist doch zu nett!«

»Nein, wart mal«, sagte William lächelnd. In Wirklichkeit aber war er bekümmert. »Ich hab' sie für die Kinder mitgebracht.«

»Ach, du liebe Güte!« Isabel lachte und schob ihm die Hand unter den Arm. »Sie würden sich in Qualen wälzen, wenn sie das essen sollten. Nein« – sie tätschelte seine Hand –, »du mußt ihnen das nächste Mal etwas mitbringen. Ich weigere mich, meine Ananas herzugeben.«

»Grausame Isabel! Laß mich mal riechen!« sagte Moira. Flehend schlang sie die Arme um William. »Oh!« Der Erdbeerhut fiel nach vorn; sie war nur ganz leise zu hören.

»Eine Dame, in eine Ananas verliebt«, sagte

Dennis, als das Taxi vor einem kleinen Laden mit einer gestreiften Markise hielt. Die Arme vollbepackt mit allerlei Päckchen, trat Bobby Kane heraus.

»Hoffentlich sind sie wirklich gut. Ich hab' sie wegen der Farben genommen. Da sind ein paar runde drunter, die sehen wirklich zu göttlich aus. Und seht euch doch bloß mal dieses Nugat an«, rief er verzückt, »guckt doch nur mal! Ein richtiges kleines Gedicht!«

Aber in dem Augenblick erschien der Händler. »Ach, das hab' ich doch ganz vergessen. Nichts davon ist bezahlt«, rief Bobby, wobei er ganz erschrocken aussah. Isabel gab dem Mann einen Schein, und Bobby strahlte wieder. »Hallo, William! Ich sitze neben dem Fahrer.« Und barhäuptig, ganz in Weiß, die Ärmel bis zu den Schultern aufgekrempelt, sprang er auf seinen Platz. »Avanti!« rief er...

Nach dem Tee gingen die anderen schwimmen, während William dablieb, um sich mit den Kindern zu versöhnen. Aber Johnny und Paddy schliefen schon, die rosenrote Glut war verblaßt, Fledermäuse schwirrten umher, und die Schwimmer waren noch immer nicht zurückgekehrt. Als William die Treppe hinabschlenderte, ging das Mädchen mit einer Lampe durch die Halle. Er folgte ihr ins Wohnzimmer, einen langgestreckten gelben Raum. William gegenüber an der Wand war ein junger Mann gemalt, überlebensgroß, mit stark schlotternden Beinen, der einer jungen Frau mit einem sehr kurzen und einem sehr langen, dünnen Arm ein großknospiges Gänseblümchen bot. Über den Stühlen und dem Sofa hingen schwarze Stoffbahnen mit großen Flecken wie von zerbrochenen Eiern, und überall, wohin man sah, schien ein mit Zigarettenkippen gefüllter Aschenbecher zu stehen. William setzte sich in einen der Sessel. Wenn man heutzutage mit einer Hand in die Polster fuhr, stieß man nicht auf ein Schaf mit drei Beinen oder eine Kuh, die ein Horn verloren hatte, oder eine dicke, runde Taube aus Noahs Arche. Man angelte dagegen noch eins dieser eingeschlagenen Büchlein mit verschmiert aussehenden Gedichten hervor... Er dachte an das Bündel Papiere in seiner Tasche, aber er war zu hungrig und zu müde zum Lesen. Die Tür stand offen; aus der Küche drang Lärm. Die Dienstboten unterhielten sich, als wären sie allein im Haus. Plötzlich erklang lautes kreischendes Gelächter und ein ebenso lautes

»Sch!« Sie hatten sich seiner erinnert. William stand auf und ging durch die Glastür in den Garten, und als er dort im Dunkeln stand, hörte er die Schwimmer den Sandweg heraufkommen. Ihre Stimmen schallten durch die Stille.

»Ich denke, Moira ist dran, ihre kleinen Tricks zu gebrauchen.«

Tragisches Stöhnen von Moira.

»Wir brauchten für die Wochenenden ein Grammophon, das ›Das Mädchen von den Bergen‹ spielte.«

»Ach nein! Ach nein!« rief Isabels Stimme. »Das ist nicht fair William gegenüber. Seid nett zu ihm, Kinder! Er bleibt nur bis morgen abend da.«

»Überlaß ihn mir!« rief Bobby Kane. »Mich um Leute zu kümmern ist meine Spezialität.«

Das Tor schwang auf und zu. William regte sich auf der Terrasse. Sie hatten ihn entdeckt. »Hallo, William!« Das Handtuch schwenkend, begann Bobby Kane, auf dem verdorrten Rasen auf und ab zu springen und Pirouetten zu drehen. »Schade, daß Sie nicht mit waren, William. Das Wasser war göttlich. Und hinterher waren wir alle in einer kleinen Kneipe und haben Schlehenlikör getrunken.«

Die anderen hatten das Haus erreicht. »Sag mal,

Isabel«, rief Bobby, »soll ich heute abend mein Nijinsky-Gewand anziehen?«

»Nein«, entschied Isabel, »keiner zieht sich um. Wir kommen ja alle bald um vor Hunger. William auch. Kommt, mes amis, fangen wir mit Sardinen an.«

»Ich hab' die Sardinen entdeckt«, sagte Moira, sie lief in die Halle und hielt eine Dose hoch in die Luft.

»Eine Dame mit einer Sardinenbüchse«, kommentierte Dennis feierlich.

»Nun, William, und was macht London so?« fragte Bill Hunt, als er den Korken aus einer Whiskyflasche zog.

»Ach, London hat sich nicht groß verändert«, antwortete William.

»Das gute, alte London«, sagte Bobby sehr herzlich, dabei spießte er eine Sardine auf.

Doch im nächsten Moment war William vergessen. Moira Morrison begann zu sinnieren, welche Farbe die Beine unter Wasser denn nun wirklich hätten.

»Meine haben die Farbe ganz, ganz heller Pilze.«

Bill und Dennis verschlangen enorme Mengen.

Und Isabel füllte Gläser, wechselte Teller, suchte Streichhölzer, das alles mit einem seligen Lächeln. Einmal sagte sie: »Ich wünschte, Bill, du würdest das malen.«

»Was malen?« fragte Bill laut, wobei er sich den Mund mit Brot vollstopfte.

»Uns«, antwortete Isabel, »hier am Tisch. In zwanzig Jahren wäre das so großartig.«

Bill verdrehte die Augen und kaute. »Das Licht stimmt nicht«, sagte er unwirsch, »viel zuviel Gelb«, und aß weiter. Und auch das schien Isabel zu entzücken.

Nach dem Abendessen jedoch waren sie alle so müde, daß sie nur gähnen konnten, bis es spät genug war, ins Bett zu gehen...

Erst am nächsten Nachmittag, als William aufs Taxi wartete, fand er sich mit Isabel allein. Als er seinen Koffer in die Halle hinabbrachte, verließ Isabel die anderen und kam zu ihm herüber. Sie bückte sich und hob den Koffer an. »Der ist aber schwer!« sagte sie und lachte ein wenig verlegen. »Laß mich tragen! Bis ans Tor.«

»Nein, warum solltest du?« erwiderte William. »Nichts dergleichen. Gib ihn her.«

»Ach, bitte, laß mich doch«, bat Isabel. »Ich

möchte wirklich.« Schweigend gingen sie nebeneinanderher. William hatte das Gefühl, daß es jetzt nichts zu sagen gab.

»Also«, triumphierte Isabel, als sie den Koffer absetzte und gespannt die sandige Straße entlangsah. »Diesmal scheine ich dich ja kaum zu Gesicht gekriegt zu haben«, sagte sie, ganz außer Atem. »Die Zeit ist so kurz, nicht wahr? Mir ist, als wärst du gerade erst gekommen. Das nächste Mal –« Das Taxi kam in Sicht. »Hoffentlich kümmern sie sich in London richtig um dich. Es tut mir so leid, daß die Kleinen heute den ganzen Tag nicht da waren, aber Miss Neill hatte das so geplant. Du wirst ihnen sehr fehlen. Du Ärmster, mußt wieder nach London fahren.« Das Taxi bog ein. »Auf Wiedersehen!« Sie gab ihm einen kleinen, hastigen Kuß, und fort war sie.

Felder, Bäume, Hecken flogen vorbei. Sie schaukelten durch das leere, wie ausgestorben wirkende Städtchen, plagten sich die Steigung zum Bahnhof hinauf.

Der Zug war schon da. William steuerte auf ein Raucherabteil erster Klasse zu und warf sich in die Ecke, aber diesmal ließ er die Akten, wo sie waren. Er verschränkte die Arme gegen den beharrlichen, dumpf nagenden Schmerz und begann, im Geist einen Brief an Isabel zu schreiben.

Wie immer kam die Post spät. Unter bunten Sonnenschirmen saßen sie in Liegestühlen vorm Haus. Nur Bobby Kane lag zu Isabels Füßen auf dem Rasen. Es war trüb, drückend schwül. Schlaff wie eine Fahne hing der Tag herab.

»Ob es im Himmel auch Montage gibt?« fragte Bobby wie ein Kind.

Und Dennis murmelte: »Der Himmel wird ein einziger langer Montag sein.«

Doch Isabel überlegte hin und her, was wohl aus dem Lachs geworden war, den sie gestern abend zum Abendessen hatten. Mittags hätte es Fischmayonnaise geben sollen, und jetzt...

Moira schlief. Schlafen war ihre neueste Entdeckung. »Das ist sooo wunderbar. Man macht nur die Augen zu, weiter nichts. Es ist sooo köstlich.«

Als der alte rotbäckige Briefträger auf seinem Dreirad die sandige Straße entlanggefahren kam, hatte man das Gefühl, die Lenkstange müßte eigentlich ein Ruder sein.

Bill Hunt ließ sein Buch sinken. »Die Post«,

sagte er voller Behagen, und sie alle warteten. Aber, du herzloser Briefträger – Oh, du tückische Welt! Es gab nur einen einzigen Brief, einen dicken Brief für Isabel. Nicht mal eine Zeitung.

»Und meiner ist nur von William«, bedauerte Isabel.

»Von William – schon?«

»Er schickt dir euren Trauschein zurück, als zarte Mahnung.«

»Hat denn jeder einen Trauschein? Ich dachte, nur die Dienstboten.«

»Seiten über Seiten! So seht doch mal! Eine Dame, einen Brief lesend«, sagte Dennis.

Meine liebste, teuerste Isabel. Seiten über Seiten. Je weiter Isabel las, desto mehr wandelte sich ihr Erstaunen in ein Gefühl, als müßte sie erstikken. Was in aller Welt hatte William bewogen...? Wie seltsam das war... Was konnte ihn veranlaßt haben...? Sie war verwirrt, ihre Erregung wuchs, sogar Angst war dabei. Das sah William ähnlich. Wirklich? Es war natürlich absurd, es mußte einfach absurd sein, ja lächerlich. »Ha, ha, ha! Du liebe Güte!« Was sollte sie nur tun? Isabel warf sich in den Liegestuhl zurück und lachte, bis sie gar nicht mehr mit Lachen aufhören konnte.

»Erzähl schon, ja erzähl schon«, bettelten die andern. »Du mußt's uns erzählen.«

»Ich brenne darauf«, gluckste Isabel. Sie richtete sich auf, nahm den Brief und winkte ihnen damit zu. »Kommt her«, sagte sie. »Hört zu, das ist zu phantastisch. Ein Liebesbrief!«

»Ein Liebesbrief! Einfach göttlich!« *Meine liebste, teuerste Isabel.* Kaum hatte sie begonnen, als ihr Gelächter sie auch schon unterbrach.

»Weiter, Isabel, das ist großartig.«

»Das ist der phantastischste Fund.«

»Ach, lies doch schon weiter, Isabel!«

Da sei Gott vor, mein Liebling, daß ich Deinem Glück im Wege stehe.

»Oh! Oh! Oh!«

»Sch! Scht! Scht!«

Und Isabel las weiter. Als sie zum Ende kam, waren sie geradezu hysterisch. Bobby wälzte sich auf dem Rasen und schluchzte beinahe.

»Den mußt du mir geben, so wie er ist, ganz, für mein neues Buch«, sagte Dennis bestimmt. »Ich werde ihm ein ganzes Kapitel widmen.«

»Ach, Isabel«, stöhnte Moira, »die Stelle ist ganz großartig, wo es um das Dich-im-Arm-Halten geht.«

»Ich hab' immer gedacht, diese Briefe bei Scheidungen wären bloß erfunden. Aber sie verblassen ja neben dem hier.«

»Gib mal her. Ich will ihn selbst lesen, mit diesen meinen eigenen Augen«, sagte Bobby Kane.

Doch zum Erstaunen aller zerknüllte Isabel den Brief in ihrer Hand. Sie lachte nicht mehr. Rasch blickte sie in die Runde; sie sah erschöpft aus. »Nein, nicht jetzt. Nicht jetzt«, stammelte sie.

Und noch ehe es ihnen gelungen war, ihre Fassung wiederzugewinnen, war sie ins Haus gerannt, durch die Halle, die Treppen hinauf, in ihr Schlafzimmer. Sie setzte sich auf die Bettkante. »Wie gemein, ekelhaft, widerlich, abscheulich«, murmelte Isabel. Sie hielt die Finger an die Augen gepreßt und wiegte sich hin und her. Und wieder sah sie die andern, aber nicht vier, über vierzig, wie sie lachten, höhnten, spotteten, die Hände ausstreckten, während sie ihnen Williams Brief vorlas. Oh, daß sie so was Scheußliches getan hatte! Wie hatte sie das nur tun können! *Da sei Gott vor, mein Liebling, daß ich Deinem Glück im Wege stehe.* William! Isabel preßte das Gesicht ins Kopfkissen. Aber sie spürte, daß sogar das feierlich-ernste Schlafzimmer sie für das hielt, was sie war, oberflächlich, leer schwätzend, hohl...

Alsbald ließen sich aus dem Garten unten Stimmen vernehmen.

»Isabel, wir gehen jetzt alle schwimmen. Komm doch!«

»Komm, die du William angetraut bist!«

»Ruft sie noch einmal, ehe ihr geht, ruft noch mal!«

Isabel richtete sich auf. Jetzt war der Augenblick gekommen, jetzt galt es zu entscheiden. Würde sie mit ihnen schwimmen gehen oder hierbleiben, um William zu schreiben? Was, was sollte sie tun? ›Ich muß mich entschließen.‹ Ach, wie konnte es da überhaupt eine Frage geben? Natürlich würde sie hierbleiben, um zu schreiben.

»Titania!« flötete Moira.

»Isa-bel?«

Nein, das war wirklich zu schwer. ›Ich – ich werde mit ihnen schwimmen gehen und später William schreiben. Andermal. Später. Nicht jetzt. Aber ich werde ganz bestimmt schreiben‹, hastete es durch Isabels Gedanken.

Und mit der neuen Art zu lachen rannte sie die Treppe hinunter.

Zu dieser Ausgabe

insel taschenbuch 2364
Katherine Mansfield, Eine indiskrete Reise

Die vorliegenden Erzählungen sind folgender Ausgabe entnommen: Katherine Mansfield, Ausgewählte Werke in zwei Bänden. Herausgegeben von Wolfgang Wicht. Aus dem Englischen übertragen von Heide Steiner. Insel-Verlag Anton Kippenberg, Leipzig 1981. © 1980 Insel-Verlag Anton Kippenberg Leipzig. Alle Rechte vorbehalten durch den Insel Verlag Frankfurt am Main und Leipzig.

Eine indiskrete Reise. Originaltitel: An Indiscreet Journey. Erstveröffentlichung: Collected Stories of Katherine Mansfield. Knopf, New York 1937. Deutsche Übersetzung aus: Katherine Mansfield, Ausgewählte Werke, op. cit., Band I, S. 110-125.

Die kleine Gouvernante. Originaltitel: The Little Governess. Erstveröffentlichung in: Bliss and Other Stories. Constable, London 1920. Deutsche Übersetzung aus: Katherine Mansfield. Ausgewählte Werke, op. cit., Band I, S. 126-140.

An der Bucht. Originaltitel: At the Bay. Erstveröffentlichung in der Zeitschrift »London Mercury«, Januar 1922. Deutsche Übersetzung aus: Katherine Mansfield, Ausgewählte Werke, op. cit., Band I, S. 141-179.

Die Flucht. Originaltitel: The Escape. Erstveröffentlichung in der Zeitschrift »The Athenaeum«, Juli 1920. Deutsche Übersetzung aus: Katherine Mansfield, Ausgewählte Werke, op. cit., Band I, S. 286-291.

Der Fremde. Originaltitel: The Stranger. Erstveröffentlichung in der Zeitschrift »London Mercury«, Mai 1921. Deutsche Übersetzung aus: Katherine Mansfield, Ausgewählte Werke, op. cit., Band I, S. 299-312.

Ehe à la mode. Originaltitel: Marriage à la mode. Erstveröffentlichung in der Zeitschrift »Sphere«, November 1921. Deutsche Übersetzung aus: Katherine Mansfield, Ausgewählte Werke, op. cit., Band I, S. 391-402.

Umschlagabbildung: William Merritt Chase, *A Friendly Call*, 1895